SNAKE

DU MÊME AUTEUR

TERRAIN MINÉ. FOOTBALL, LA FOIRE AUX ILLUSIONS, *avec Boris Ngouo*, Michel Lafon, 2004.

YOURI DJORKAEFF

SNAKE

avec la collaboration de

ARNAUD RAMSAY

Postface de Jean Djorkaeff

BERNARD GRASSET
PARIS

A mes grands-parents Garo, Teopiste,
Madeleine et Armand qui inspirent
ma vie à chaque moment.
A notre nouvelle génération,
qu'elle continue à perpétuer nos traditions

YD.

Pour Amélie
A la mémoire de Lucio Mad

AR.

1

Le conquérant des steppes

Les sirènes hurlantes retentissent avec obstination. Voitures de police aux gyrophares tournoyants, camions de pompiers et ambulances écrasent le macadam en permanence. Les décibels explosent. Ces rugissements sauvages appartiennent au décorum. Les tympans ne s'offusquent même plus du volume sonore. Klaxons des *yellow cabs*, marteaux piqueurs de Ground Zero, embouteillages sur Brooklyn Bridge, nuées de mouettes d'Ellis Island, rumeurs du marché de Chinatown, ressac des vagues engendrées par les ferries traversant l'Hudson. Cette agitation est la marque de fabrique de New York. Même si, de retour en France pour les fêtes, mes enfants m'ont clairement fait remarquer : « Ecoute, papa. Quel silence ! », j'aime le bruit assourdissant de « la grosse pomme ». Sa fureur de vivre, son mouvement perpétuel.

Cette ville est un fantasme d'adolescent. Plutôt que de céder aux ponts d'or du Qatar, de la Chine ou de la Russie, j'ai choisi d'y terminer ma carrière. L'équipe des MetroStars, bâtie sur les cendres du Cosmos de Pelé et de Beckenbauer, est mon neuvième club professionnel. Mon cinquième championnat, après la France, l'Italie, l'Allemagne et l'Angleterre. Monaco, Paris, Milan, New York : un parcours digne de la mode ! Je suis fier de cette existence de nomade de luxe. Ma longue carrière est émaillée de réminiscences colorées, ancrées dans ma tête. Je les revis sans cesse. C'est pour ça que je dors si peu !

J'ai toujours éprouvé de la pudeur à me découvrir. Il suffit de m'observer sur un terrain pour me connaître. Nous jouons tels que nous sommes. Mon poste ? Electron libre. A la fois passeur et buteur, avec une spécialité érigée en art : être décisif. La posture noble, altruiste, combative ou égoïste adoptée sur le gazon est révélatrice de la personnalité du joueur. Voilà pourquoi je me suis efforcé, en dépit de la médiatisation galopante du football, de me créer une bulle. Je sens pourtant aujourd'hui que le moment est venu de transmettre mon expérience, de la partager. De témoigner que, à force de ténacité et de travail, il est possible de décrocher les étoiles. L'envie me prend de dérouler le fil de mon histoire et j'ai tellement de choses à raconter que j'aurais pu me lancer dans une trilogie ! Commençons déjà par le premier tome.

La scène d'ouverture se déroulerait dans les rues de New York. Plus précisément, à l'intérieur de mon appartement. Au deuxième étage, avec vue plongeante sur l'unique parc privé de la ville, où gambadent les écureuils. Seuls les occupants de notre résidence, dont Julia Roberts – nous avons pris l'ascenseur ensemble : elle est sublime –, disposent de la clé. Au milieu des fleurs et de l'herbe fraîchement coupée de Gramercy Park se dresse la statue en bronze d'Edwin Booth. Le comédien américain du XIXe siècle a tant déclamé « *To be or not to be* » qu'il est figé dans le bronze en attitude shakespearienne !

Parfois, étendu sur un banc du parc, baigné par les doux rayons du soleil, je ferme les yeux et m'évade. Je savoure mon bonheur, dans cet îlot de tranquillité, au sud de Manhattan. J'entends d'ici le foisonnement d'Union Square et de Park Avenue. La Cinquième Avenue n'est pas loin. A l'angle de la 20e Rue, je prends mon café serré avant de filer à l'entraînement dans un bistrot rutilant baptisé L'Express. Il s'agit en fait d'un bouchon lyonnais : « La maison fait ses saucisses », prévient une pancarte rédigée en français. Lyon, ma ville natale.

Près de 40 000 compatriotes ont réalisé leur rêve américain en se posant à New York la cosmopolite. En guise d'intégration, mon club m'a proposé de rendre visite aux marins français en manœuvre dans le port de Staten Island, ce que j'ai accepté avec enthousiasme. Comme de procéder à l'ouverture de la Bourse à Wall Street, maillot des MetroStars sur les épaules. Je croque dans chaque instantané de plaisir. Des joies simples : applaudir Alicia Keys en concert au Radio City Music Hall, faire mes courses dans un supermarché de Harlem aux fruits divins ou assister au show bondissant des Rolling Stones au Giants, le stade des MetroStars – Ron Wood, le guitariste du groupe, m'avait invité après m'avoir reconnu dans un restaurant. Tout m'émerveille, comme ce défilé des fans de *Star Wars* qui a duré une semaine entière. Le dernier épisode de la saga était sur le point d'envahir les écrans...

Pour les 60 ans de mes parents, mes frères et moi leur avons offert un séjour à New York, en Concorde. Au programme, le survol de la ville en hélicoptère, pour mieux s'en imprégner. Ils méritaient bien ce cadeau. Je leur voue une tendresse infinie. En visionnant certains films super-8 de famille, je ne peux réprimer un sourire à observer ma mère, à la Coupe du monde 1966, en Angleterre. Elle était venue encourager son mari, défenseur émérite de l'équipe de France, surnommé Tchouki. Déjà, les Djorkaeff se déplaçaient en groupe. L'esprit clanique est notre force. Les discussions sont libres, les décisions collégiales.

Ce Mondial anglais s'est déroulé deux ans avant ma naissance. Les Bleus s'y étaient révélés peu flamboyants : un nul contre le Mexique à Wembley et deux défaites, face à l'Uruguay et au pays organisateur, futur champion du monde. L'équipe de France de cette époque, celle des Bernard Bosquier, Robert Budzinski, Robert Herbin, Georges Carnus, Nestor Combin, Philippe Gondet ou du capitaine Marcel Artelesa, constituait une sacrée bande de copains. Quand Marcel Aubour, le gardien du temple, raconte avec mon père leurs aventures passées, je suis au bord des larmes. Leurs récits épiques, où transparaît une camaraderie sincère, sont dignes de Marcel Pagnol. La carrière de mon père m'inspire le respect.

Il a commencé ailier droit, devenant même international junior à ce poste. Puis, il a su se remettre en cause à Lyon en se reconvertissant défenseur, à la demande de Lucien Jasseron, son entraîneur. Il a aussi joué à Marseille, au Paris Saint-Germain, dont il a été le premier capitaine, et au Paris FC. A son actif, 395 matches de championnat, deux victoires en Coupe de France et quarante-huit sélections en équipe nationale, dont la moitié avec le brassard. Porté naturellement vers l'offensive, il est l'un des précurseurs du latéral moderne.

Je n'ai que très peu de souvenirs de lui sur le gazon mais ceux qui débarquent à la maison ou que je croise en possèdent pour moi. « J'ai connu Jean. Quel monsieur ! » Ce sont sa droiture, son exigence et sa rigueur sur le terrain qui toujours reviennent dans la conversation. Je ne tiens pas à brûler cette image. Jamais je n'ai été tenté de tuer le père. Promu récemment chevalier de l'ordre national du Mérite pour sa contribution à la cause footballistique, il cumule les fonctions. A 66 ans, il entraîne l'UGA (Union générale arménienne) à Décines pour la troisième fois, tout en présidant la Commission centrale de la Coupe de France et le Club des internationaux de football.

A la maison, il était rare qu'il s'épanche sur le football. Ma mère nous emmenait au stade mais je préférais rester dans ma chambre, dénuée de posters de joueurs. En revanche, avec les Bleus, au moment des hymnes, Denis et moi étions debout dans le salon, droit comme des *i*, le torse bombé. *La Marseillaise* était notre tube ! Paradoxalement, ce sport ne m'attirait pas plus que ça. La raison ? Il accaparait trop mon père. Devenu un personnage public, qu'il soit sollicité dans la rue par les chasseurs d'autographes me paraissait normal. J'ai appris tôt à composer avec la médiatisation. Lorsque les professeurs nous demandaient la profession de nos parents, j'inscrivais naturellement « footballeur ». Pour moi, tous les papas l'étaient ! Quant à ma mère, plutôt que femme au foyer – qui ne se disait pas – je mentionnais « Maman, un sacré métier ».

Denis est mon frère aîné de trois ans. Nous prenions un plaisir infini à cirer les Adidas Penarol à la belle semelle verte de notre père. Il fallait s'y employer avec application car il était maniaque. Je lui massais la jambe gauche, Denis la droite. Pour nous, c'était un jeu. Tout était prétexte à rire et à se mesurer l'un l'autre. Dans le jardin, par exemple, je m'installais dans les cages et Denis m'expédiait ses frappes. Il supportait le Bayern Munich, se prosternait devant Gerd Müller, un attaquant trapu et précis. Il avait d'ailleurs adressé un courrier au fan-club du Bayern et, en retour, avait reçu un autographe du buteur allemand, qu'il avait alors soigneusement accroché au-dessus de son lit. Gerd Müller, surnommé « le Bombardier », n'était pas ma tasse de thé. Il était hyperréaliste mais petit et peu esthétique.

J'enviais davantage le panache de son compatriote Franz Beckenbauer. Et que dire de l'allure du Hollandais de l'Ajax Amsterdam Johan Cruyff. Mon idole, mon chevalier à la classe folle. Il les surpasse tous. J'étais aussi subjugué par Liverpool : Anfield Road, les cheveux longs, la tunique rouge seyante. Les Reds incarnaient un esprit de révolte, un parfum de mythe, comme les Beatles, autres icônes de la ville. Les compositions d'équipes de Liverpool n'avaient aucun secret pour moi. Kevin Keegan, Ray Clemence, Kenny Dalglish, Terry McDermot : j'égrenais leurs noms avec solennité.

La rivalité Bayern-Liverpool a fait des ravages chez les Djorkaeff ! Misha, mon autre frère, de six ans mon cadet, ne se mêlait pas à la bataille. Trop jeune. Tous les trois, nous nous adorons. Nous avons été élevés de sorte qu'il n'y a jamais eu une once de jalousie entre nous. L'autre n'est pas un concurrent mais une source de motivation. Mes parents ont exclu les traitements de faveur. Par exemple, ils ne m'ont à aucun moment mis en avant. Denis étant l'aîné, il lui revient de perpétuer la tradition, sans pour autant être le chef suprême. Il a joué en D3 mais n'a jamais envisagé de carrière professionnelle. Père de quatre enfants, il est mon agent et, depuis 1999, préside l'UGA, mon premier club.

Misha aussi gravite dans le football. Se distinguer d'un père et d'un frère sélectionné en équipe de France, encore en activité, n'a pas été simple pour lui. L'héritage est lourd à porter car on ne peut empêcher le jeu des comparaisons. Comme moi, il a démarré à Décines. Au même poste, milieu offensif. Il a évolué à Grenoble, Rouen, Alès, Fréjus et à l'Etoile Carouge, en Suisse. Il a également sévi avec les équipes réserves de deux de mes anciens clubs, l'Inter Milan et Kaiserslautern. Misha a beaucoup bourlingué, sans parvenir à se stabiliser. Sa carrière est honnête mais il aurait pu faire mieux. Vouloir devenir footballeur ne suffit pas, la hargne est indispensable. Et, quand on s'appelle Djorkaeff, il en faut encore plus ! Misha a réalisé trop tard la somme des sacrifices à faire. Il a peut-être aussi manqué de confiance en lui et en a souffert. C'est dommage, car le talent, il l'a.

Misha est un prénom à consonance russe. Youri aussi. Seul Denis y échappe : l'état civil, et je n'ai toujours pas compris pourquoi, a refusé d'enregistrer Igor, le souhait initial de mes parents. Youri n'est pas une référence à Gagarine, premier homme dans l'espace, en avril 1961. Je suis né sept ans plus tard. Mes parents avaient plutôt en tête le charme et le romantisme d'Omar Sharif. *Docteur Jivago*, réalisé par David Lean et adapté du roman de Boris Pasternak, était en salles depuis quelques mois. Le comédien y interprétait Youri Jivago, médecin russe idéaliste et amoureux, enrôlé de force dans l'armée au début de la révolution d'Octobre. En revoyant le film aux cinq oscars, je me suis aperçu que l'un des personnages s'appelle Sacha : c'est le prénom de mon fils aîné.

***

Il n'y a pas d'avenir sans mémoire. La mienne s'est forgée à travers les récits des anciens. Ceux de ma grand-mère, par exemple. Elle m'a raconté la genèse de la famille, son arrivée en France. Elle a été un exemple de tolérance, d'éducation, de gentillesse et de dévouement. A la mort de son mari, elle venait prendre ses repas avec nous, puis nous allions coucher chez elle avec Denis. A Décines-Charpieu, petite ville de 25 000 âmes à dix kilomètres à l'est de Lyon. Nous dormions dans le salon, le temps que les travaux de la maison mitoyenne que mon père faisait construire soient terminés. La rue Bernard-Palissy n'était pas encore goudronnée, la Maison de la culture arménienne un simple projet. Tout était en friche, des champs nous entouraient à l'endroit où, près d'une décharge bordée par le canal de Jonage, je faisais les quatre cents coups avec les copains. J'ai tapé mes premiers ballons sur ces terrains vagues, synonymes de liberté. Au milieu de nulle part, nous étions sur notre planète. A cet endroit, depuis, a poussé un quartier. C'est là que se dresse désormais le stade Jean et Youri Djorkaeff.

Un panneau à l'entrée de la ville mentionne son existence. Il se situe au bout d'un petit chemin en terre, dans le prolongement de la rue où vivent mes parents. Devant un parterre de personnalités, de Skoblar à Di Nallo en passant par Hidalgo, Rocheteau, Carnus ou Lemerre, le stade Jean et Youri Djorkaeff a été officiellement inauguré le 23 janvier 2000. L'émotion était intense, surtout pour mon père. Il est allé à l'école à Décines, s'y est marié. Il a contribué au rayonnement de la ville, a assis la respectabilité de l'UGA, qu'il a su mener jusqu'à la D4. Le club continue de s'éveiller dans l'ombre du géant lyonnais et de développer son identité. La présence récurrente des Djorkaeff y est un gage de sérieux. L'un des espoirs du club a même suivi un stage à Bolton.

Pour le gamin que j'étais, Décines représentait le monde. Pas besoin d'aller à Lyon, tout se trouvait sur place. Les communautés arménienne, algérienne, portugaise et chinoise cohabitaient harmonieusement. Les embrouilles n'avaient pas cours : nous nous connaissions tous et nous nous respections. Remplir notre panier au marché durait des heures, à force de croiser des amis parmi les étals. Ce brassage multiethnique s'opérait naturellement. Nous fréquentions assidûment la diaspora arménienne, très implantée à Lyon, et soudée. Compte tenu de la générosité de mes parents, le lieu de rassemblement était souvent notre pelouse, au point que notre adresse a été rebaptisée la « Maison du peuple ».

Le dimanche, jour de fête, chacun prenait la direction des Djorkaeff pour le barbecue de l'après-match. Pas besoin de lancer des invitations ! Ma mère cuisinait incroyablement. Chiche-kebab, taboulé : les amis venaient goûter les plats traditionnels, picorer sur la table. Une première personne sonnait, imitée par une autre et ainsi de suite. La maison ne désemplissait pas. Musique en boucle, chants et danses figuraient également au programme de ces fêtes pures et grandioses. Elles me manquent. Les plus jeunes côtoyaient les anciens. Nous buvions leurs paroles d'experts. Puis, quand nous en avions assez d'être assis, nous sortions le ballon pour des parties endiablées dans le jardin.

Par pudeur, les aînés taisaient les souffrances endurées, voilaient leurs souvenirs, pour ne pas les revivre, à défaut de les exorciser. J'assommais de questions mon grand-père paternel :

— Alors, pépé, la guerre ?

La parole ne se libérait pas aisément. Il esquivait, gagnait du temps.

— Plus tard, pas maintenant.

— Et comment es-tu arrivé en France ?

— Sans papiers !

Et nous qui insistions :

— Mais par où es-tu passé ? Et pourquoi la France ?

J'ai éprouvé des difficultés à élucider le mystère. J'ai pressé mon père de m'en dire davantage. Il s'est lancé dans la reconstitution de l'arbre généalogique des Djorkaeff. Il a ainsi pu consulter les archives de la Kalmoukie, terre d'un peuple de nomades qui a fini par se sédentariser. Mon père est originaire de cette petite république du Nord-Caucase. Membre de la Fédération de Russie, dominé par les steppes, cet Etat est le seul, à l'ouest de l'Oural, à avoir une population majoritairement de langue mongole.

Sans vouloir vous accabler avec mes histoires de famille, je ne peux pas ne pas vous dire un mot de mon grand-père paternel, Armand. Sur l'une des rares photos que nous avons de lui, il est à califourchon sur son cheval, en costume de guerre. Un homme austère, dur au mal, brutal, le visage taillé à la serpe. Les Kalmouks ne sont pas des tendres. Qu'il vente ou qu'il neige, ils sont souvent torse nu. Je possède cette âme slave, cette mélancolie. Mon grand-père m'a légué ce côté chevaleresque, noble dans ma quête de l'absolu. Pas le preux chevalier à la française, plutôt le conquérant prêt à partir à l'assaut au galop et à planter sa yourte au gré des saisons et des batailles. Guère étonnant que les Kalmouks soient les lointains descendants de Gengis Khan !

Mon grand-père était un Russe blanc, ces partisans tsaristes de la révolution d'Octobre 1917. Garde d'élite du dernier tsar de Russie, il est resté posté deux ans à la frontière austro-hongroise. Il a défendu la cause de Nicolas II en luttant contre les bolcheviks mais s'est heurté à l'Armée rouge communiste de Lénine. Pour éviter la déportation en Sibérie, il a fui en Europe au début des années 1920. Il a reconstruit son existence à Décines. A l'usine de soie, dans le textile, au milieu d'autres exilés.

Sa femme était polonaise. Une vraie, avec des yeux bleus grands comme des boules de billard, de belles nattes et une peau blanche incroyablement laiteuse. Elle avait l'esprit libre et ouvert. Ils ne se sont jamais plaints des épreuves subies. A la maison, ils parlaient français et russe entre eux. Le russe devenait la langue officielle quand le ton montait ou qu'ils parlaient de nous en ne souhaitant pas que nous comprenions.

Du côté de ma mère, ce n'est pas simple non plus ! Ses parents, les Ohanian, sont originaires de Bursca, aujourd'hui en Turquie. Ils ont atterri en France pour échapper au génocide perpétré en 1915 par l'Empire ottoman, qui a démarré le 24 avril à

Constantinople par la rafle de membres de l'élite intellectuelle. En quelques mois, entre 1 et 1,5 million d'Arméniens sont déportés, massacrés dans l'indifférence générale. Un crime collectif, mis en place sciemment par le gouvernement turc pour – version officielle – trahison au profit des Russes. Il a fallu patienter jusqu'en 1945 pour qu'apparaisse la notion de génocide, dans l'acte d'accusation du procès de Nuremberg !

Cette page sombre de l'Histoire m'a profondément marqué. J'adhère aux paroles de Robert Kotcharian. En 1998, le président de la République arménienne a expliqué combien cet acte criminel était non pas la tragédie d'un seul peuple mais celle de l'humanité tout entière. La France a été l'une des premières à montrer l'exemple : les députés ont voté en janvier 2001 une loi reconnaissant le génocide arménien, prélude des horreurs de la Seconde Guerre mondiale. Même si les relations entre Ankara et Erevan se sont apaisées, j'espère que la Turquie, qui s'escrime à intégrer la Communauté européenne, admettra au grand jour sa part de responsabilité.

Le village de mes grands-parents, enclavé entre la Turquie et l'Arménie, a été pillé alors qu'ils n'avaient que 6 ans. Leurs familles ont été déportées. Ils se sont réfugiés dans des orphelinats. Ils ont été les témoins d'exécutions sommaires. Ils ont subi l'exode, l'extermination. Cela a développé chez eux une force, un instinct de survie. Leur existence a été peuplée de cauchemars.

De telles atrocités vous laissent forcément une empreinte durable. Les parents de ma mère se livraient avec parcimonie. Pour me faire ma propre idée, je me suis plongé dans les souvenirs saisissants de Simone Veil, ancienne présidente du Parlement européen, matricule 78651 au camp de concentration d'Auschwitz-Birkenau. Plutôt que la haine, mes grands-parents ont prêché le dialogue, la réconciliation, cultivant avec intelligence la mémoire d'un peuple traumatisé. Mais quand ils se sont installés en France, on ne leur a pas demandé de raconter leur histoire. Ils étaient là pour travailler. Ils souhaitaient aussi accélérer leur intégration. Et ils attendaient de rentrer à la maison pour pleurer.

MARCEL DESAILLY

« Youri sait se montrer très ouvert à la discussion tout en restant éminemment mystérieux, sur sa vie privée notamment. Sa vivacité d'esprit, sa culture générale et son côté bon vivant l'incitent à nourrir le dialogue mais, toujours, il demeure insaisissable. Il garde sa part d'ombre, donne de lui juste ce qu'il consent à lâcher. En confiance, toutefois, il se livre un peu plus. Le milieu du football est une grande famille, où l'amitié de groupe est presque obligatoire, où la plaisanterie est érigée en vertu. Mais, à l'intérieur de cette famille, Youri s'arroge un droit de réserve. Il a horreur qu'on l'aborde comme si on était son copain. En cas de familiarité intempestive, il est capable d'afficher un côté froid et distant. La tape dans le dos, très peu pour lui. Cela a pu le conduire – tout comme moi d'ailleurs – à être considéré comme quelqu'un qui a la grosse tête. La réalité est plus nuancée. Dans cet univers, se protéger est indispensable. Youri arrive à brouiller les pistes. Moi ? Je n'ai pas tout à fait été démasqué !

Youri vit sa vie. Il attache peu d'importance à son image. J'aime ça. Nous sommes d'autant plus proches que nos épouses se ressemblent. Sophie et Virginie sont des femmes de caractère, dynamiques, responsables, prêtes à affronter les chamboulements imposés par leurs maris. Elles sont aussi très loin du milieu.

Youri et moi sommes des jouisseurs. Avec les Bleus, nous avons passé des heures à parler bons vins, voyages, bateaux, voitures, placements et investissements financiers. Des discussions débridées, loin du pragmatisme et du matérialisme ambiants. La famille aussi nous relie : il a trois enfants, j'en ai quatre. Entre Youri et moi, les barrières n'existent pas. Nous avons des connexions, des idées, des atomes communs. Un souci identique de succès nous guide. Nous veillons également à réussir notre après-carrière. Habiter la même ville nous aurait encore davantage soudés. Du coup, je ne connais pas sa cave. Mais j'apprécie l'entendre commenter les grands crus... »

2

Le pèlerinage arménien

Le regard circonspect de ma mère n'émoussait pas mes résolutions. A la question de savoir ce que j'envisageais comme profession, je lui assenais sans sourciller : boucher. Les motifs de cet enthousiasme étaient purement pragmatiques : je raffole de la viande. Si mes copains aspiraient à être médecins ou architectes, j'étais attiré par ce noble métier. Je n'en démordais pas. Ainsi, j'aurais bénéficié de steaks à l'œil et me serais choisi les meilleurs morceaux! J'ai également songé à être gendarme. Pour le plaisir de porter l'uniforme – même si son prestige en a pris un coup depuis – et pour assouvir ma perpétuelle quête de justice. A défaut d'être footballeur, je cajolais aussi l'envie d'ouvrir un bar. Un rêve que j'ai exaucé. Depuis 1993, je suis propriétaire du Café des PTT, dans le IIe arrondissement de Lyon, rue Ferrandière, entre la place des Cordeliers et celle de la République. Denis en a eu la gérance avec ma mère, c'est un cousin qui l'exploite désormais.

Le café y est bon et peu cher. Je conçois ce lieu public et populaire comme le théâtre de la démocratie, où du moins elle peut s'exprimer sans contrainte.

Au comptoir, les gens libèrent leur parole, parlent de ces petits riens qui font le sel de l'existence. Un concentré d'humanité, un sas de décompression entre le boulot et le retour à la maison. J'aime ceux qui viennent boire debout au comptoir. Ils se livrent ou se contentent de tendre l'oreille, mais participent à l'ambiance. L'un de mes plaisirs est de toucher le zinc, de le lustrer, comme on le ferait avec une belle carrosserie. Le comptoir confère son âme au café. J'ai toujours apprécié donner mes rendez-vous dans les bars.

Je n'ai pas connu le Café de la Paix, ouvert à Décines, en face de chez nous, par le père de ma mère. A l'époque, les vestiaires de l'UGA n'étaient pas construits et les joueurs se changeaient dans les sous-sols de son établissement ! Le Café de la Paix fonctionnait de 5 heures du matin à 21 heures, sans interruption. A l'étage, ma grand-mère, Teopiste, élevait leurs cinq enfants. Garo, en fait Garabet, avait transformé son café en annexe de la mairie : les Arméniens de la région lui demandaient de l'aide pour remplir leurs documents administratifs, des conseils de sage qu'il distillait avec passion et finesse. Ne lui manquait, en fait, que l'écharpe de premier édile !

Né à Césarée, en Asie Mineure, il est arrivé en France par bateau, via Alep, en Syrie. Port de Marseille, terminus. Beaucoup de réfugiés arméniens sont restés dans la région, les entreprises locales manquant de main-d'œuvre. Lui avait assez d'argent pour rejoindre les Etats-Unis. Il n'a pas embarqué pour

New York. Il est resté dans un hôtel de la ville à attendre des nouvelles de la famille. Elles ne sont jamais parvenues. L'argent, entre-temps, s'était envolé. Impossible de franchir l'Atlantique. Il a donc remonté la vallée du Rhône et, à l'instar de nombre de ses compatriotes, s'est établi près de Lyon dans les années 1920, sensiblement en même temps que mon autre grand-père.

C'est à Décines, comme de bien entendu, que Jean le Kalmouk a rencontré Marie l'Arménienne. Malgré sa notoriété naissante, conquérir celle qui était secrétaire nécessitait des trésors de diplomatie. Tout s'est opéré en douceur, dans le respect des traditions arméniennes. Le métier de footballeur obligeait mon père à parcourir le pays pour exercer ses talents sur les terrains. Ces absences répétées ont conféré à ma mère un rôle plus important dans notre éducation. Je salue son abnégation. Même si elle n'a pas toujours été ménagée, ma mère ne s'est jamais départie de son sourire, dont j'ai hérité. Constamment, elle s'est évertuée à colmater les brèches, à résoudre les problèmes. Elle s'est entièrement dévouée aux siens.

Si nous sommes aujourd'hui autant unis et complices, c'est grâce à elle. Le plus doux compliment qu'elle puisse recevoir est de s'entendre dire qu'elle a une belle famille, que ses enfants sont bien élevés. C'est une femme extraordinaire. Mon idéal serait que tous les Djorkaeff vivent sous un même toit et qu'un étage soit réservé à mes parents. Ils me comprennent, savent qui je suis, ce que je vis. Leurs conseils sont précieux. Ma mère ayant connu le quotidien d'un mari footballeur, son expérience a été utile pour Sophie, mon épouse. Sur le terrain, je me sens mieux lorsque mon clan est dans les tribunes. J'en ai besoin, je m'en nourris. A chaque étape, j'ai pu compter sur eux. Sur mes amis proches aussi, dont Stéphane Papazian. Loin de profiter de mon statut, ils n'ont pas changé depuis le début. Leur présence m'apaise.

Mes oncles, chacun à leur manière, ont eux aussi accompagné ma carrière. Parmi les quatre frères de ma mère, Charik était la personnalité la plus forte. Il était le pilier de la famille, le chef. Il a ouvert son magasin de surplus américain, où les toiles de tente en jean s'arrachaient. Ses frères, Varouge et Anto, ont travaillé à ses côtés, Denis a donné des coups de main. Charik a également monté sa propre fabrique de tricot pour femmes. La plupart des Djorkaeff ont participé à cette aventure. Il était fabuleux. Sa joie et sa force transpiraient, son enthousiasme était communicatif. Son décès précoce, des suites d'un cancer, a été un drame. Quelque chose s'est brisé en chacun de nous.

Je jouais à Strasbourg quand j'ai appris sa mort. Peu de temps avant, il avait tenu à m'appeler de Grèce, où il était en rendez-vous avec des fournisseurs, afin de me féliciter pour ma victoire au tournoi de Toulon. Charik rayonnait. Souvent, le samedi, son unique jour de repos, il débarquait à la maison. « Viens avec moi, Youri », me disait-il. Et nous partions en virée dans sa grosse voiture. Il m'emmenait en ville, nous faisions la tournée des amis. Sa réussite rejaillissait sur nous. Charik fédérait les Djorkaeff. Et puis, c'était un vaillant. Il avait vaincu la maladie une première fois. Nous le pensions hors d'atteinte. Personne ne l'a vu partir, lui y compris. C'était le genre d'homme dont on se dit : « Ce n'est pas concevable qu'il s'en aille. Pas lui. » Il a laissé une femme et trois enfants.

Rajak est l'autre oncle maternel dont je me sens proche. Photographe qui a exposé partout dans le monde, apôtre du noir et blanc, il a fixé sur pellicule le rassemblement des gitans aux Saintes-Maries-de-la-Mer, le quotidien des habitants de Chicago durant deux ans comme les mises en scène de Planchon ou Chéreau. Il a également réalisé les portraits d'Orson Welles, Jacques Prévert ou Thelonius Monk pour l'agence Rapho. La qualité de ses photos aurait pu lui valoir les honneurs du MoMa ou des musées les plus prestigieux. Mais il a refusé d'intégrer le système pour mieux garder sa liberté et poursuivre ses périples singuliers. Il n'a pas cherché à capitaliser sa notoriété, privilégiant le plaisir, au contact des surréalistes notamment. J'aime sa vision décalée et poétique des choses. Il fonctionne à l'ancienne, s'introduit en douceur dans tous les milieux. Il a vécu des tas de vies et m'en a fait partager certaines.

A Décines comme à New York, j'ai accroché aux murs des photos de Rajak. A 72 ans, il continue à exposer ses œuvres, comme récemment à Villeurbanne. Son fils Melik, ancien élève des Beaux-Arts de Montpellier, a suivi sa trace. Il est aujourd'hui l'un des artistes contemporains les plus brillants de sa génération. Il possède un style inimitable. La cote de ses productions, à base d'images et de vidéo, ne cesse de grimper. Melik a été l'une des vedettes des biennales de São Paulo et de Lyon. En janvier 2002, il a participé à l'inauguration du palais de Tokyo, transformé en site de création contemporaine et pluridisciplinaire. Quand je suis arrivé dans la salle, il discutait avec Lionel Jospin. Je me dirige vers eux.

— Monsieur le Premier ministre, laissez-moi vous présenter mon cousin.

— Melik ? Mais je le connais depuis longtemps !

J'étais soufflé. Et dire que Melik a un an de moins que moi. L'autre fils de Rajak, Vartan, travaille à Lyon dans l'audiovisuel et le documentaire. Il a aussi réalisé plusieurs clips. Sa sœur, Noémie, l'une des rares filles de la famille, vit à Leeds et s'illustre dans l'import-export. Nous n'avons que quatre jours de différence et je suis très proche d'elle. Je suis d'ailleurs le parrain de son fils. Chacun a tracé sa propre voie. Tous, à notre manière, nous sommes des artistes. Même si les Djorkaeff aiment se replier dans leur cocon, ils sont tenaillés par une véritable volonté d'aller vers l'extérieur. Cette fibre ouverte sur le monde est chez nous un signe de ralliement.

***

La renommée et la considération dont jouit mon père en Arménie auraient dû l'amener, en 1998, à devenir le sélectionneur national. Il avait été approché par le président de la Fédération arménienne, ce qui, à mes yeux, constituait une chance pour le pays, puissance négligeable sur l'échiquier du football international. Pour d'obscures raisons aux relents politiques, le contrat, au dernier moment, n'a pas été signé. Le plus cocasse est que, au cours de cette période, l'équipe de France a affronté deux fois la plus petite des anciennes républiques de l'ex-URSS ! Les Bleus et l'Arménie partageaient le même groupe de qualification pour l'Euro 2000.

Au Stade de France, Charles Aznavour a donné le coup d'envoi. C'est un dieu pour moi. Son apport à la chanson – *Mes deux guitares* restent mon morceau préféré – s'avère un trésor. Son implication dans la cause arménienne, notamment après le tremblement de terre du 7 décembre 1988, qui a provoqué la mort de plus de 30 000 habitants, a été essentielle et intelligente. Il a mobilisé toutes les énergies et des camions entiers de vêtements ont été distribués aux survivants. J'ai eu l'occasion de discuter avec Lévon Sayan, son indéfectible imprésario. J'ai également applaudi Aznavour à Lyon après l'avoir salué dans sa loge. Le concert achevé, nous avons dîné en ville.

Le premier France-Arménie de l'Histoire, le 31 mars 1999, s'est conclu par une victoire 2-0. Si leur gardien Roman Berezovsky a accompli des miracles, l'homme du match a été Alain Boghossian, l'autre Bleu originaire d'Arménie. Nous sommes tous deux à l'initiative du deuxième but. Alain, qui a perdu son père assez tôt, se sentait moins d'affinités avec l'Arménie que moi. A force de lui en parler, je l'ai convaincu de renouer avec ses racines. Et puis oublier, c'est trahir, comme le clamaient les mouvements révolutionnaires arméniens. J'ai adopté cette maxime le 8 septembre 1999, à l'occasion du match retour, à Erevan. Ma première visite en Arménie. Zidane, Deschamps, Desailly, Barthez, Karembeu : j'ai emmené tous les copains champions du monde et la fanfare avec moi !

L'accueil du peuple arménien me touche. Je ressens de la fierté dans leur regard. Je suis leur ambassadeur. Pour sensibiliser mes partenaires, j'ai improvisé une quête auprès des joueurs et de l'encadrement. Quelques jours plus tôt, à Clairefontaine, pendant le repas, j'ai demandé spontanément à chacun de glisser cent dollars dans une enveloppe, une somme symbolique – je ne tenais pas à ce qu'ils se considèrent pris en otage. Il importait davantage d'adhérer à une idée. Chacun a cotisé et le président de la Fédération, Claude Simonet, a doublé la mise. L'argent récolté, 25 000 francs, a permis de bâtir deux classes là-bas.

Les Bleus, qui venaient de disputer un match éliminatoire quelques jours plus tôt à Kiev, ont donné aussi aux Arméniens de la nourriture et des médicaments récupérés en Ukraine, sans oublier les tee-shirts d'entraînement. J'avais pour projet d'ouvrir un complexe sportif. Je l'ai repoussé après avoir constaté que les personnes prêtes à m'aider comptaient s'offrir de la publicité sur mon nom plutôt que d'investir. Je ne désespère pas de pouvoir le faire un jour. J'ai aussi en tête l'édification d'une Maison de la culture, un local où les artistes d'Erevan et alentour puissent se retrouver et s'exprimer. L'art est primordial. C'est ce qu'il reste quand il n'y a plus rien.

J'ai parlé de mes initiatives avec le président de la République arménienne, Robert Kotcharian. Il m'a remis un passeport arménien et promu citoyen d'honneur. Après le match, je suis resté deux jours sur la terre de mes ancêtres. Mes parents, mes frères, mes cousins, mes oncles et tantes étaient là aussi. Au programme, visite de Gatoghigos d'Etchmiadzine, l'une des plus grandes églises chrétiennes du monde, promenade sur les rives du lac Cevan, aux abords de la résidence du président. Je suis rentré des souvenirs plein la tête. Malheureusement endeuillés. Un mois et demi plus tard, Vazgen Sarkissian, le Premier ministre, que j'avais également rencontré, a été abattu de sang-froid. Un commando armé de quatre hommes a fait irruption à l'Assemblée, en milieu de séance, avant d'ouvrir le feu. Le président du Parlement, le ministre des Questions d'urgence ainsi que trois députés ont également péri. Je suis triste pour Sarkissian. J'avais pu constater sa force, sa pureté et sa volonté de changement. Politiquement, il gênait.

Le match en lui-même, capital pour l'Euro 2000, est riche en rebondissements. L'hymne arménien, que je connais par cœur depuis mes colonies de vacances à Bellefontaine dans le Jura, m'étreint. Au vieux stade Hrazdan, à la surprise générale, les Arméniens ouvrent la marque, sur une rapide contre-attaque consécutive à un duel que je perds avec le gardien. Je me rattrape en égalisant avant la première mi-temps, sur un penalty du plat du pied droit. Sur ma lancée, j'offre deux passes décisives, dont profitent Zidane et Lilian Laslandes. L'Arménie réduit le score dans les arrêts de jeu, ce qui provoque la colère de Roger Lemerre. Mais la victoire, même obtenue laborieusement, est préservée. Dans les vestiaires, je commence à relâcher la tension accumulée par ce séjour hors norme. Jusque-là, j'étais parvenu à contenir l'émotion. Dès lors, je ne me contrôle plus.

Tandis que les Bleus volent vers Paris, je prolonge l'aventure à Erevan. La fête est extraordinaire. Je suis enfin moi. Entouré de mes amis et de ma famille, nous défilons et crions à tue-tête dans les rues. Le rire est contagieux. A table, nous sommes une vingtaine de convives. Certains sortent les pistolets et tirent des coups de feu en l'air. Chez les Arméniens, quand l'un désire parler, il se lève, empoigne sa coupe et porte un toast. Cela commence nezza voce, au son de : « Je lève mon verre de vodka à la famille Djorkaeff, que je remercie d'être venue en Arménie. » Puis retentit « *Genas !* », qui signifie santé, et marque le départ pour avaler son breuvage cul sec. Sauf que le repas s'éternise et que l'art de lever le coude se répète à l'envi. Tout est prétexte à boire. Ainsi, on entend : « Je bois à la santé du voisin qui vient de s'acheter une nouvelle voiture ! » En fond sonore, l'orchestre arménien rugit et insuffle un rythme endiablé. Euphorique, enivré, je me lève, ôte mon tee-shirt. Je me mets debout sur les tables et je danse, avant de gagner la piste. Ainsi est le vrai Youri...

BIXENTE LIZARAZU

« Les danses russes exécutées par Youri lors des deux fêtes mémorables célébrant les titres de 1998 et de 2000 avec l'équipe de France restent des moments à part. C'est sa marque de fabrique en soirée ! Il est alors dans un tel état qu'on le croirait en transe. Dans ces moments-là, Youri doit danser. Des mouvements pas faciles à effectuer et très physiques. Ce n'est pas neutre. Youri a envie de partager ses traditions et ses origines, dont il est très fier. Cela participe du personnage. J'ai essayé cinq secondes de l'imiter sur la piste avant de renoncer par peur de me briser les genoux. Je suis davantage inspiré par les fêtes du Sud-Ouest. Seul Frank Lebœuf est parvenu à peu près à esquisser quelques pas sans paraître ridicule. Moi, le soir de notre victoire à l'Euro 2000, je me suis retrouvé à jouer de la batterie, ovationné par la salle, alors que je n'avais jamais touché à un tel instrument de ma vie ! J'avais l'impression d'être Manu Katché. Nous étions tellement heureux...

La façon dont on se comporte durant une fête est révélatrice. On découvre les gens sous un jour différent, ils dévoilent une autre facette. C'est vrai pour Youri, qui se lâche complètement. Il sort de sa carapace, de sa forteresse. Dans ces instants, tout le monde possède en soi une folie, parfois réprimée, le sport de haut niveau exigeant de se protéger. Quant au jeu de Youri, il est axé sur le but. C'est davantage un soliste qu'un joueur d'équipe. Mais c'est un partenaire formidable, qui a joliment évolué en équipe de France, se mettant par exemple totalement au service des autres lors du Mondial 2002, alors qu'il ne jouait pas systématiquement. »

3

Mozart, l'Alsace et moi

Le courrier est parvenu un matin de printemps, dans la boîte aux lettres de mes parents. Le Mondial 1998 se profile. En décachetant l'enveloppe, ma mère découvre un mot succinct de Monique Deruaz, mon institutrice en CM2 – dans mon souvenir, une femme dynamique, juste et droite. Elle explique avoir conservé une rédaction faite à l'âge de 10 ans par l'élève Youri Djorkaëff – avec l'accent tréma sur le *e* puisque telle est l'orthographe exacte. Le thème ? « Quand je serai grand... » Interprétation libre. Imagination débridée.

En corrigeant les copies, Mme Deruaz est frappée par le ton volontaire et déterminé. Par intuition, elle consigne mon devoir pour mieux l'exhiber plus tard, telle une relique. Emaillé de quelques fautes d'orthographe, il disait ceci : « Quand je serai grand, je voudrais être footballeur. Jouer dans un grand club (comme Liverpool), être avant-centre, marquer beaucoup de buts, être professionnel et après, peut-être, le Cosmos de New York m'appellera et je jouerai avec Cruyff, Pelé et Beckenbauer. A 20 ans, je voudrais faire la Coupe du monde et je voudrais marquer le seul but de la finale. FIN. »

Cette rédaction est plus que prémonitoire. C'est mon histoire, ma vie. Mon existence regorge d'anticipations. L'évocation du Cosmos coïncide, déjà, avec ma passion pour New York. Et puis quel casting, de Cruyff à Pelé ! Quant à la Coupe du monde... Sophie m'a glissé un jour, mi-sérieuse, mi-amusée, que, si j'en avais réellement eu l'intention, j'aurais pu inscrire l'unique but du match ! Le geste de Monique Deruaz me touche. L'école m'a toujours plu. Je n'étais pas l'élève le plus doué mais j'ai aimé cette fraternité du savoir et du partage, cette convivialité entre camarades. Je remercie les professeurs qui m'ont appris l'Histoire de France, ouvert les yeux sur la vie et le civisme.

A l'école, je consacre l'essentiel de mes activités sportives à l'athlétisme, avec une inclination particulière pour le saut en hauteur. Ma mère m'inscrit au judo pour canaliser mon énergie, mais je déserte vite les tatamis. Je tâtonne, je teste le tennis et la natation. Je suis curieux. Je cherche ma voie et la trouve dès lors que je me lance dans le football. Ce sport correspond le plus à mon caractère, à ma personnalité. Le jeu collectif me permet de trouver ma place. J'ai toujours été bon avec les autres. J'ai besoin d'eux pour m'exprimer, m'accomplir. Je goûte à l'atmosphère des matches, à l'engagement, aux déplacements avec les copains, à l'ambiance du vestiaire. Je signe ma première licence à l'Union générale arménienne de Décines. On ne lutte pas contre les évidences : mon père en est l'entraîneur, Denis y est inscrit. Cela dit, mon père ne me passe rien. A 9 ans, je ne comprends pas pourquoi il fait preuve de tant d'exigence à mon égard. Georges Markarian, qui s'occupe de l'équipe avec lui – et qui continue de le faire – est plus indulgent.

Ses compliments contrastent avec la dureté de mon père. Pudique, celui-ci ne veut pas donner l'impression de favoriser son propre fils, ce qui pourrait susciter des jalousies. Le terrain stabilisé bosselé souffre, tellement je le martyrise. A la différence de mes partenaires, j'ai mon nom floqué non pas au dos du maillot, mais devant. La raison est peu banale : mon père est aussi le sponsor du club. Il a acquis une franchise de Sport 2000 et gère en ville une enseigne du magasin, rebaptisée Djorkaeff Sport. Voilà ce qu'affichent nos tuniques en acrylique à manches longues !

Je cours tout le temps, sur les pelouses comme aux semi-marathons auxquels je m'inscris. Je suis endurant et balaie un large spectre sur le terrain, sans signe d'essoufflement. Un atout utile au sein de l'UGA. Je suis constamment en mouvement, à l'affût. Très vite, je me retrouve dans l'équipe de Denis, de trois ans mon aîné. Puis je connais mon premier transfert. Je quitte l'UGA pour Saint-Priest, l'un des meilleurs clubs de la région. Je m'entraîne le soir, après l'école. Les trajets en bus sont épuisants. Souvent, d'ailleurs, je m'endors contre la vitre. Une fois, je ne me suis pas réveillé. Je suis descendu plus loin, perdu mais zen. Un ami de la famille, qui circulait par hasard en voiture, m'a ramené à la maison.

Je gaspille trop de temps dans les transports en commun. Nouveau changement d'horizon, donc. Je choisis l'US Meyzieu, plus proche. Deux ans plus tard, je bifurque à leur demande vers l'AS Villeurbanne, dans le quartier des Brosses. Je tourne autour de l'Olympique Lyonnais. Mon père a défendu leurs couleurs. Lui succéder me paraît dans l'ordre des choses. A 15 ans, je participe à des matches de détection. L'OL me propose un contrat amateur. J'aurais dû intégrer leur centre de formation. Mais les jeunes du département, faute de place, sont priés de dormir dans leur famille, et doivent suivre une section de sport-études, qui délivre pour seul diplôme un BEP chaudronnerie ! Elève aux notes honorables, je n'ai aucune intention de m'orienter dans cette voie. Le football est trop aléatoire pour abandonner les études.

Je refuse donc. A l'époque, le club de Lyon ne jouit pas du même statut. Son image est plus floue. Compte tenu des conditions drastiques imposées dans leur centre, la plupart des joueurs restent à Saint-Priest ou Meyzieu. L'identification ne fonctionne pas encore. N'avoir jamais évolué à l'OL est une déception. Cependant, j'étanche ma soif de compétition avec les cadets nationaux. Inévitablement, j'attire l'attention. J'écris aussi aux clubs en sollicitant un essai. Sochaux accepte. Après Nantes et Auxerre, c'est le club qui offre la formation la plus pointue. Chaque année sort de l'école du Doubs un joueur reconnu, façonné par les éducateurs. Joël Bats, Bernard Genghini ou Yannick Stopyra viennent de l'usine à champions de Franche-Comté, propriété de Peugeot.

Sochaux est un gage de sérieux. Je m'y rends avec entrain, seul comme un grand. J'y reste une semaine. Parmi les vingt candidats, la sélection s'opère, au gré des entraînements avec l'équipe de D3. Ils ont deux ans de plus que nous et déjà un nom : Stéphane Paille, Franck Sauzée ou Franck Silvestre, tous bientôt en équipe de France. Il y a là également Fabrice Henry et Eric Lada. L'écrémage est terrible. Au bout de quelques jours, seuls trois d'entre nous demeurent en lice. Je rentre à Décines, confiant. Et me projette déjà. Jean Fauvergue, futur entraîneur sochalien, débarque à la maison pour s'entretenir avec mes parents. Il connaît mon père, l'a côtoyé à l'armée. La discussion a lieu dans le salon. Je suis dans un coin de la pièce, j'écoute.

— Voilà, entame Jean Fauvergue en se raclant la gorge. Ton fils est très bon. Il fera certainement un honnête footballeur et trouverait chez nous de quoi s'épanouir.

— Alors tout va bien, ironise mon père, sentant que l'analyse comporte un « oui mais » ; il n'a pas tort.

— Le problème est que nous ne sommes pas sûrs à 100 % du potentiel de Youri. Va-t-il passer la rampe ?

— A 15 ans, difficile d'être catégorique.

— Avec ton fils, on ne peut pas prendre le risque de se tromper.

— Youri aurait dû s'appeler Durand plutôt que Djorkaeff. Ainsi, il serait resté trois ans dans votre centre. C'est bien ça ?

— En quelque sorte.

Quelle claque ! Ma première grosse désillusion. Je quitte brusquement le monde de l'enfance. Mon père me console en me rappelant l'épisode de Michel Platini, refusé par le centre de formation de Metz pour avoir échoué à l'épreuve du spiromètre. Le médecin du club lorrain avait cru déceler une trop faible capacité respiratoire et, par crainte d'insuffisance cardiaque, avait recalé le jeune prodige.

Je mesure concrètement combien le patronyme de Djorkaeff est lourd à porter quand on veut se lancer dans le football. A chaque dribble, je souffre de la comparaison. Des tribunes, j'entends : « Normal qu'il soit doué, c'est le fils Djorkaeff. Il est né avec un ballon dans les pieds. » Ou alors, plus cinglant : « Quelle déception, son père était un si beau joueur... » J'encaisse mal cet échec, si injuste.

Au lieu de ruminer ma rancœur, je me prépare à rebondir. Mon père évoque l'INF Vichy, ancêtre de l'institut de Clairefontaine. La formation dure trois ans. Sur ses conseils, je passe une semaine de détection à Lyon. Je suis retenu dans l'équipe de la région Rhône-Alpes. S'ensuit une nouvelle semaine d'entraînement pour figurer parmi les meilleurs de France. J'y parviens. L'ultime ligne droite se précise. Je fais mes gammes : cinquante jonglages pied gauche, autant pied droit, vingt de la tête, soixante abdominaux en deux minutes et le test Cooper (couvrir au pas de course la plus grande distance possible en douze minutes). Nous exécutons la totalité du manuel de l'apprenti footballeur.

Je fais partie de la liste finale. Terminus le mois prochain, en juillet, au gré de trois semaines de sélection. Et si Vichy ne m'accueille pas ? J'ai accepté l'INF pour satisfaire mon père. Au fond, je suis sceptique. J'éprouve le sentiment d'être un acrobate, pas un footballeur. Je crains qu'on ne bride mon tempérament, ma liberté. Etre fondu dans un moule m'effraie. Je ne suis pas un simple numéro ! Mon père comprend mon appréhension et appelle l'INF pour leur annoncer que je ne me présenterai pas.

Le Football Club de Grenoble-Dauphiné, dont j'ai affronté l'équipe à maintes reprises avec les jeunes, s'est manifesté. Il s'apprête à ouvrir son centre. Leur discours est offensif : « Nous voulons Youri. » J'ai confiance. Mon père a entraîné Grenoble en 1982 et connaît les dirigeants. Ceux-ci me réclament sans préambule. Ils ne sont pas très loin. Et leur mode de fonctionnement concilie les études jusqu'à la terminale. Bref, la panacée. Sauf pour ma mère. Elle estime trop précoce mon départ du cocon familial et décoche à mon père : « Jean, comment peux-tu laisser partir ton fils à 15 ans et demi ? »

***

Mes pieds sont mes instruments de musique. Je récite ma partition sans accroc. Selon la presse de Grenoble, je donne même dans le virtuose. Elle me surnomme le « petit Mozart ». J'assiste aux fondations du centre de formation dans tous les sens du terme : à mon arrivée, le bâtiment chargé de nous héberger n'est pas achevé. Je loge dans une auberge de jeunesse. Les cinq autres pensionnaires du futur établissement habitent dans les environs. A 15 ans, je vis donc seul. Un sage en Isère ! Trois semaines plus tard, les travaux terminés, je m'installe. Deux par chambre. Alternance de cours et d'entraînement. L'ambiance est détendue.

Je cimente des amitiés solides avec Clément Garcia et Jean-Paul Coquin. Cette complicité se prolonge sur le terrain. Grenoble est un épisode heureux de ma carrière. J'y reste près de cinq ans. Le temps d'apprendre mon métier et de m'amuser. Inutile de faire le mur pour aller en ville : j'ai récupéré la clé ! Nous rigolons tout le temps, nous faisons les quatre cents coups. Jean-Paul Coquin, le plus brindezingue d'entre nous, est le meneur de revue. Plus tard, il aura sa propre boîte de nuit.

A Grenoble, je découvre l'université. J'y vais à vélo, pour des cours du soir éclectiques, des mathématiques au français. Au milieu d'adultes tentant de décrocher leur diplôme sur le tard, notre bande d'insolents ne passe pas inaperçue. Nous nous réfugions dans un coin, sortons notre sacoche qui ne contient qu'un stylo et un cahier, et écoutons d'une oreille distraite. Nous ne semons pas la zizanie, par respect pour ceux qui déboulent à la fac après leur journée de travail, mais nous mettons l'ambiance. Quand la fatigue nous gagne, nous nous assoupissons sur les bancs. Nous sommes de gentils parasites, tolérés. L'université est un exercice obligé pour les élèves du centre mais les études sont difficilement compatibles avec le haut niveau. Après mon bac de français, je souhaitais décrocher mon diplôme en candidat libre. Avant de renoncer à trois mois des examens.

Très vite, j'intègre l'équipe professionnelle, grâce à Claude Le Roy. Après un intérim de Roger Garcin et Robert Buigues, il est remplacé par Christian Dalger, qui me lâche un jour : « Je t'ai bien observé, Youri. Toi, tu es bien calé dans ton fauteuil. De ton siège, tu observes en te marrant la vie qui passe, comme s'il s'agissait d'un film en couleurs projeté sur grand écran ! » Il analyse ainsi ma liberté et mon flegme. A 17 ans, il me lance en D2. En face, Montpellier, une grosse équipe où évoluent les frères Passi, Franck et Gérald, et un autre novice, Laurent Blanc. Le baptême du feu est couronné d'une courte victoire. Mon père est évidemment dans les tribunes. Il me ramène à la maison après le match et je retourne au centre en train le lundi matin.

Je me distingue également avec l'équipe junior. Nous cédons en finale de la Coupe Gambardella, la Coupe de France des jeunes, contre le Racing Paris. Nous nous sommes produits au stade Auguste-Delaune, en lever de rideau de Reims-Marseille. L'ailier Jean-Christophe Cano a inscrit notre seul but. Un but suffisant pour que l'OM le repère et l'attire dans son centre de formation. Plus tard, Robert Louis-Dreyfus le nommera coordinateur sportif de Marseille.

J'alterne la D2 et la D3. L'occasion d'affronter Saint-Priest, où évolue Denis, arrière droit ou milieu défensif. De ces duels entre frères, je ne tire, à part la photo d'avant match, aucune satisfaction. Ce genre de confrontation m'est plutôt pénible. A Grenoble, ma notoriété s'affirme. A 18 ans, je suis à la fois meneur de jeu, buteur et capitaine. Plamen Markov me confie le brassard. L'ex-international, passé par Metz, jouait numéro 10 avant de diriger l'équipe au débotté, après le renvoi de Christian Dalger. Markov sera sélectionneur de l'équipe de Bulgarie à l'Euro 2004.

Je forge mon caractère. Les joutes de deuxième division sont des combats acharnés. Le championnat est alors découpé en deux poules, réparties par zones géographiques. Les déplacements à Bastia, Ajaccio, Nîmes ou Digne se traduisent en bagarres viriles. Mon père assiste à la plupart d'entre elles. Il me nourrit de ses observations. Je prends aussi exemple sur mes partenaires expérimentés, comme Jacky Perdrieau, Jean-Philippe Sechet ou Didier Christophe.

Ils me prennent sous leur aile. Laurent Paganelli aussi, lui qui a débuté en D1 au Parc des Princes avec Saint-Etienne à 15 ans et demi ! Je découvre un petit bonhomme et un Monsieur du football. Malgré sa notoriété, et alors que nous sommes en concurrence, il m'épaule, s'efface en douceur. Il se comporte en gentleman, ce qui ne l'empêche pas d'être en décalage. Distrait, tête en l'air, il est capable de laisser ses clés de voiture sur le tableau de bord ou d'oublier de fermer la porte de son domicile. Je retrouve le Paga nature et spontané que j'ai connu avec les interviews décapantes au bord du terrain qu'il réalise pour Canal +.

A l'époque, je dors souvent dans le grand appartement de Roberto Parodi. Il me prête aussi sa voiture pour sortir. Autre personnage de l'équipe : l'Uruguayen Gustavo Poyet. Il maîtrise mal le français et Roberto lui sert d'interprète. Gustavo apprend vite. Son passage par Grenoble ne s'avère pas complètement inoubliable, mais ce grand attaquant, un faux lent à la gentillesse débordante, remportera tout de même la Coupe de l'UEFA avec le Real Saragosse et la Coupe des coupes avec Chelsea. Le cercle de l'amitié grenobloise ne cesse de s'étoffer. J'en profite, flirte avec les excès, deviens un oiseau de nuit. Je suis turbulent, agité, j'aime la vie.

La rencontre avec Sophie Jimenez, ma future femme, intervient au moment opportun. Elle m'a assagi. Sans elle, j'aurais pu passer à côté de mon destin car le talent seul ne suffit pas. Je ne crois pas au hasard. Peu après le début de notre relation, je suis désigné capitaine de Grenoble, appelé en équipe de France espoirs et désigné meilleur joueur du festival international de Toulon.

J'ai croisé pour la première fois son regard dans un café de Grenoble. Elle me découvre constamment accoudé au zinc, seul ou avec ma bande. De quoi s'interroger sur mon profil... Je lui adresse la parole, le dialogue s'engage. Elle ne connaît rien au football, me considère comme un extraterrestre. Etudiante en langues étrangères, elle sait tout juste que le ballon est rond ! Dans le cadre de son cursus scolaire, elle devait partir un an en Angleterre. Quinze jours plus tard, elle est revenue. Par amour. Même si elle fera plus tard une école d'interprète à Lyon, elle a sacrifié ses études pour moi. Son père, fils d'immigrés espagnols, m'a accueilli à bras ouverts. Il s'est posé des questions, certes, mais n'a fait nullement pression sur sa fille. Il faut admettre qu'elle était sacrément déterminée...

Avant Sophie, j'ignorais ce que signifiait tomber amoureux. Je l'ai compris d'un coup. Les sentiments éprouvés dans ma jeunesse n'étaient que bagatelle au regard de la vague qui me submerge. Je n'ai pas 20 ans et, déjà, un salaire correct, une aura locale. Je suis autonome, titulaire en équipe première et sans comptes à rendre. Autant dire que je vis dans l'idée d'être Dieu à Grenoble ! « Si tu veux franchir un cap, peut-être dois-tu être un peu plus sérieux. » Mon père a beau me prévenir, je n'y prête guère attention. Je songe d'abord à faire la fête. Pourquoi changer d'attitude, puisque mes capacités me permettent de faire la différence le week-end et que l'entraîneur s'en contente ? Je me trompe, naturellement. Je m'en rends compte grâce à Sophie. D'un coup, sans calcul, je sors moins avec les amis et deviens raisonnable. Nous souhaitions trois enfants. Mission accomplie : Sacha, 12 ans, Oan, 8 ans, et Angelica, 6 ans. C'est en regardant sa progéniture grandir que l'on s'aperçoit que l'on vieillit !

***

Parmi les présidents côtoyés, Marc Braillon apparaît comme l'un des plus atypiques. RMO, son entreprise de travail temporaire, façonnée en trois décennies, est à l'époque une incontestable réussite. Il employait presque 2 000 personnes avant que ses affaires ne périclitent au début des années 1990 et qu'il ne soit écroué pour abus de biens sociaux. Fou de sport, il a investi dans le cyclisme avec Richard Virenque et Charly Mottet, dans la boxe avec René Jacquot, dans la voile avec Laurent Bourgnon et le foot, évidemment. Il a pris la direction du club de Grenoble en 1983. Grâce à sa fortune, il a transformé l'équipe. Nous lui devons le centre de formation où j'ai tant appris. A force de fréquenter Marc Braillon, je connais mille anecdotes à son sujet. Un jour, au retour d'un voyage en Côte d'Ivoire, il nous rassemble et nous tient un discours décousu, où il affirme avoir bu du sang de taureau, eu des visions et détenir le droit de vie et de mort sur tout le monde!

Encore un peu et je l'aurais cru maraboutév! En milieu de saison, il modifie les couleurs du club. Il les change en noir et rouge, couleurs qui sont, dit-il, plus conformes à ses apparitions mystiques. Parfois, aussi, il a des absences troublantes. Cela fait partie du charme du personnage. Il sait impressionner ses troupes mais ne me fait pas peur. Je n'hésite pas à faire irruption dans son bureau quand des offres concrètes, émanant de Strasbourg et de Saint-Etienne, se précisent. Le club alsacien, dirigé par Daniel Hechter, me tente. Le grand couturier évoque d'ailleurs mon nom à Saint-Tropez avec Jean-Paul Coquin, qui sévit l'été dans un café branché du port. Hechter hésite entre un jeune talent de Brest, David

Ginola, et un Grenoblois en devenir, moi. Jean-Paul achève de le persuader.

Je m'en ouvre à Marc Braillon :

— Président, je souhaite partir. Un club est intéressé.

— C'est non.

— Je suis à Grenoble depuis quatre ans et demi. J'ai envie d'un club plus huppé.

— Désolé, c'est toujours non. Tu es sous contrat, tu es notre capitaine et nous avons besoin de toi pour grandir.

— Alors si vous tenez tant à moi, montrez-le-moi en revalorisant mes conditions.

— Il n'y a aucune raison. J'obéis à la charte. Je ne peux pas faire plus. La discussion est terminée, Youri.

Je ne compte pas en rester là. Je ne veux pas laisser passer ma chance. Avant un entraînement, je m'entretiens avec notre entraîneur, Patrick Parizon. Ancien milieu de terrain à Saint-Etienne, Lille et Sochaux, il a joué en équipe de France.

Il est embêté. Mes services lui sont précieux mais il partage mon désir d'ailleurs. Il sent, aussi, combien je suis décidé. Je lui en administre la preuve : en ouverture de séance, il demande dix tours de terrain. Durant le premier, je gamberge; au second, je poursuis mes cogitations; puis, au cœur du troisième, je m'arrête net. J'avance au milieu du terrain et annonce :

— Voilà, c'est décidé, je ne m'entraîne plus. Le club peut me forcer à rester, pas à m'entraîner.

— Bon, va voir le président, Youri, réplique Parizon.

Je retourne dans le bureau de Marc Braillon pour un nouveau bras de fer.

— Tu veux agir comme ça, Youri. Alors très bien. Si un club te réclame et qu'il nous verse cinq millions de francs, je te laisse partir. Et en plus, je t'offre 15 % du montant.

— Cinq millions ! C'est énorme. Et puis la saison vient de commencer. Personne n'investira autant et vous le savez.

— Alors, tant pis.

Au match suivant, hasard du championnat, Grenoble rencontre Strasbourg. Je discute avec Daniel Hechter après la partie. Il consent à aligner la somme demandée. Evidemment, je n'ai jamais touché les 15 % promis.

J'apprends lors de la mise au vert l'officialisation de mon départ de Grenoble. Le soir, nous affrontons Geugnon. Denis et mon père s'accordent sur mon salaire avec Hechter.

— Ça y est, Youri, c'est signé, s'emballe mon frère. Tu as un contrat de quatre ans. Tu joues puis tu files en Alsace.

— Génial, super.

Et je raccroche. Dans ma chambre d'hôtel, je déplie une carte de France et regarde précisément où se situe Strasbourg. Puis un doute m'assaille. Je reprends le téléphone et compose le numéro de mon père.

— Au fait, combien je serai payé ? J'étais tellement soulagé de partir que j'ai oublié de le demander à Denis...

Au stade de la Meinau, 20 000 spectateurs nous applaudissent. En août 1989, lors de la cinquième journée de championnat, pour mon premier match, je me les mets dans la poche. Nîmes mène sur notre pelouse. Je sonne la révolte en inscrivant un doublé, d'une volée de vingt mètres et d'une frappe sèche du droit consécutive à une percée. Deux partout, score final. En Alsace, je change de statut. Je suis mieux considéré et davantage rémunéré qu'à Grenoble. L'ambiance est détendue, le niveau motivant. Des joueurs habiles m'entourent : José et Vincent Cobos, Didier Monczuk, Jean-Luc Buisine, Thomas Allofs, Wolfgang Roff ou Eric Geraldès.

Pour diriger l'équipe, un homme formidable : Gérard Banide. Je le retrouverai à Monaco quand, patron du centre de formation de la principauté, il assurera la relève d'Arsène Wenger. Banide est en avance sur son temps. Plutôt que de se préoccuper de la tactique adverse, il dessine au tableau noir une grosse flèche qui fonce vers l'avant : « Vous êtes une force, dit-il. Ne pensez pas aux autres. Votre objectif est d'aller au but, de leur en marquer un de plus. On en prend trois ? Inscrivez-en quatre. Et faites tout pour en marquer un cinquième. »

Cela me change des discussions technico-tactiques interminables. Gérard Banide prône l'offensive. Pas de passe en retrait, tout pour l'attaque. Il pondère l'importance des résultats, souhaite que nous soyons libres, audacieux et épanouis. Il ne s'occupe que du terrain, abhorre les relations avec les médias, les dirigeants, les municipalités. C'est un immense manager, que son caractère entier et le refus des concessions ont sans doute freiné dans son ascension.

Avec Sophie, nous sommes logés dans le quartier du futur Parlement européen. La ville est agréable. La vie aussi. Sauf que nous échouons à remonter en D1. Strasbourg domine Nice à l'aller mais explose au stade du Ray : 6-0. Raté pour l'élite. Maigres consolations : je suis élu meilleur joueur de D2 et, avec vingt et une réalisations en vingt-huit rencontres, termine à deux longueurs du meilleur buteur de la saison, Monczuk.

Daniel Hechter vit mal cette déception et démissionne. Je suis triste pour lui. Jeune président du PSG quelques années plus tôt, il n'avait pas hésité à replonger à Strasbourg. Il s'est comporté avec nous en seigneur, nous protégeant de la pression, faisant office de bouclier. Il aime profondément le foot et connaît ce sport par cœur. Sa réussite dans les affaires ne le grise pas. Régulièrement, après le match, il m'interroge sur certaines phases de jeu. Il est curieux et passionné.

Banide s'éclipse à son tour, remplacé par Léonard Specht. Si le club avait rejoint la D1, je serais sans doute allé au terme de mon contrat. Mais je ne suis pas venu pour une saison supplémentaire à l'échelon inférieur. C'est le moment de partir, d'autant que le Bataillon de Joinville approche. Cumuler les matches et le service militaire n'est jamais évident. Je sollicite un rendez-vous au directoire du Racing, qui pallie temporairement le départ d'Hechter. Face à l'assemblée, composée d'entrepreneurs et de responsables de la mairie, j'expose mon cas.

— Monsieur Hechter m'a promis de me laisser partir si on ne montait pas.

— Peut-être, mais Hechter n'est plus là.

— Alors trouvons un accord qui satisfasse les deux parties.

Je joue le jeu, avec quatre buts en sept matches. Mes interlocuteurs n'insistent pas et me rendent ma liberté. Je signe en octobre 1990 comme joker à Monaco mais dois alterner avec l'armée. Après un mois de classes avec les appelés, je me retrouve du lundi au jeudi dans la forêt de Fontainebleau, au Bataillon de Joinville. Les meilleurs sportifs de mon âge sont réunis sur cette ancienne base de l'Otan pour un service allégé. Quand je ne suis pas en survêtement, je porte le treillis ou lève les couleurs. Je perçois une solde de 450 francs. Je dépense cet argent au cinéma ou au musée. Puis, après mes sorties culturelles nocturnes, retour à la caserne.

D'autres professionnels partagent mon univers militaire : Emmanuel Petit, Bixente Lizarazu, Patrice Loko, Laurent Guyot, Eric Decroix et Christophe Deguerville. Ensemble, nous apprenons à marcher au pas, à tirer au Famas, etc. Le jeudi soir, je réintègre mon club pour disputer le match du week-end. Et, le lundi, direction la Seine-et-Marne.

Je joue également avec l'équipe de France militaire. A défaut de primes, le colonel nous offre des jours de permission en guise de récompense. Autant dire que, lorsque nous nous qualifions pour les championnats du monde, la quille se rapproche !

L'entraînement est de qualité et le Bataillon de Joinville ne me porte pas préjudice. Cette expérience me permet aussi de mieux connaître notre entraîneur, Roger Lemerre. Notre première rencontre est épique. « Tu sais que je n'ai plus été sélectionné en équipe de France à cause de ton père », me lâche-t-il.

Le soir, j'appelle mon père. « Dis donc papa, je crois que j'ai rencontré l'un de tes copains. » Il marque un temps d'arrêt et m'explique l'épisode. Septembre 1971, les Bleus sont en stage au Danemark. Le dimanche suivant, la France défie la Norvège, match qualificatif pour l'Euro. Au cours d'un entraînement, la défense est en place. Mon père à droite, Roger libero. Sur un long ballon, ils se jettent dans les airs pour le récupérer. Roger met la tête, mon père joue le ballon. Bim. L'arcade sourcilière de Roger éclate. Mon père saigne aussi. Roger est le plus touché. « Mon œil, mon œil », crie-t-il. Sa paupière est comme tombée, il croit perdre la vue ! Par sécurité, ils sont transportés à l'hôpital. Mon père est recousu facilement. Pour Roger, l'affaire est plus complexe. Il rate le match contre la Norvège et ne sera plus jamais convoqué en équipe de France.

Cependant, Roger sait que cet incident fait partie des aléas du football. Il ne m'en a jamais tenu rigueur, ni à Misha, qui fera son service national sous ses ordres. Roger sait faire la part des choses. Grâce à l'armée, j'ai pu vérifier combien il est passionné par son métier. Il donne envie de s'entraîner, de se dépasser, dans un contexte militaire pourtant peu favorable. Déjà, à l'époque, ses discours d'avant match duraient des heures. Quand il prendra la suite d'Aimé Jacquet après la Coupe du monde 1998, je ne serai pas dépaysé !

LAURENT BLANC

« Youri et moi, c'est une longue histoire, qui remonte à la Coupe Gambardella, la Coupe de France des juniors. Il jouait à Grenoble, moi à Montpellier. Nous n'étions pas encore majeurs. Nous avons débuté en D2 quasiment en même temps, avant de gravir pas à pas les échelons et d'évoluer ensemble en équipe de France à partir de 1993. J'ai toujours été frappé par l'incroyable force qu'il dégage. Il est sûr de lui, ne doute jamais de ses choix. Souvent, il est persuadé avant un match qu'il va marquer. Et il marque. C'est une arme redoutable, essentielle dans un collectif, quand il s'agit de transmettre sa confiance à ceux qui sont tétanisés par l'enjeu. Cette assurance sur le terrain se décline dans la vie. J'adore sa façon d'être, son caractère.

Le personnage est très attachant. Il aime surprendre, adopter une posture inattendue dans une situation donnée. Il a également besoin de sa liberté. Etre enfermé dans un carcan l'étouffe. Du coup, il n'hésite pas à rompre les habitudes du métier, qui sont rigides. Combien de fois a-t-il cassé le rituel d'une veille de match. Plutôt que de faire la sieste à l'hôtel, il préférait boire un café en ville. Je l'accompagnais et nous discutions de tas de choses.

Cette philosophie, cet art de vivre, se répercutait sur la pelouse le lendemain.

Un café raconte une histoire. Dans les cafés, nous nous en sommes raconté, des histoires. Avec l'équipe de France, nous avons pris un verre dans les endroits les plus exotiques. Cela nous permettait de nous aérer l'esprit, de nous ôter la pression du match. Quand il jouait à Bolton, j'étais à Manchester United. Nous étions donc voisins. En Angleterre, les mises au vert n'existent pas. Rendez-vous directement au stade. Avec Fabien Barthez et Youri, il nous est arrivé de savourer un café le matin, à quelques heures du coup d'envoi. Youri et sa femme ne peuvent pas se passer des odeurs et du bruit des centres-villes. De passage à Washington, je leur ai rendu une visite surprise. Personnellement, je préfère vivre retiré (sans doute mes racines cévenoles), mais l'agitation new-yorkaise leur correspond totalement. »

4

Sur le Rocher exactement

Depuis que j'évolue en catégorie minime, j'ai l'habitude d'être convoité. Une situation agréable qui jamais ne me désarçonne. Le Paris Saint-Germain s'intéresse à moi, l'Olympique de Marseille se renseigne. Mais, en cette fin d'automne, l'équipe la plus pressante est l'AS Monaco. Arsène Wenger me réclame. Il a dépêché ses adjoints pour me superviser à maintes reprises et a décortiqué mon jeu sur cassette. Déjà, il ne laisse rien au hasard.

La principauté constituerait une évolution notable dans ma carrière. Le club est solidement structuré. Il est doté d'un centre de formation reconnu, l'équipe première est dirigée par un jeune entraîneur ambitieux. L'effervescence médiatique étant moindre qu'à Paris ou Marseille, il est possible de travailler plus sereinement.

Un transfert est toujours une partie de poker menteur. Je vais le vérifier. Jean-Louis Campora, président de Monaco, est un personnage influent du Rocher. Nommé en 1976 à la tête du club par Rainier III, il est également chef du service de médecine générale à l'hôpital Princesse-Grace. Face à mon père, mon frère et moi, il sort le grand jeu. Il déroule l'historique et le prestige de l'ASM, insiste sur le fait que le club offre sa chance aux artistes en herbe.

— Cerise sur le gâteau : Monaco est un grand pourvoyeur de l'équipe de France. En signant chez nous, Youri se rapprocherait des Bleus.

A dire vrai, Campora nous prend de haut. Erreur de stratégie. Ce n'est pas une attitude à adopter avec la famille Djorkaeff. Il monopolise la parole, aligne les questions comme les réponses, puis conclut en affirmant :

— Voilà, le contrat de cinq ans est prêt. Ne manque plus que votre signature. Naturellement, les salaires grimpent saison après saison, sans oublier les primes en cas de sélections. Est-ce que cela vous convient ?

— Non, répond sèchement mon père. D'abord, nous souhaitons un contrat sur trois saisons. Ensuite, sur le volet financier, votre proposition ne me semble pas correcte. Les deux parties sont trop éloignées. Il serait plus prudent d'arrêter là.

— Ecoutez, monsieur Djorkaeff. Votre fils joue en D2. Il n'a jamais connu l'élite. Les sommes que vous réclamez ne s'adressent qu'à des éléments confirmés.

— Les montants vous paraissent élevés aujourd'hui mais deviendront raisonnables demain, quand Youri aura pris de la valeur. Apparemment, nous perdons notre temps tous les deux. Dommage pour Youri mais surtout pour vous.

Mon père fait crisser sa chaise et se lève. Denis et moi, qui n'avons pas décroché un mot, l'imitons en silence.

— Monsieur Djorkaeff, nous n'allons pas nous séparer sur un malentendu.

— Il n'y a aucun malentendu. Je pense que vous commettez une erreur. Youri, d'ici peu, sera un joueur de haut niveau. Mais je ne vous en veux pas.

— Allez, reprend Campora paternaliste, accordons-nous chacun un petit délai de réflexion : appelons-nous en fin de semaine.

— Inutile. J'ai déjà réfléchi et je campe sur mes positions. En revanche, si vous changez d'avis, vous savez où me joindre.

Après avoir claqué la porte du bureau de Campora, nous montons dans la voiture. Direction Décines. Pas un mot jusqu'à Valence, où les langues se délient enfin. « Dans le milieu du foot, explique mon père, aujourd'hui comme demain, il importe d'être cohérent dans sa démarche. Je devais être ferme car je sais ce que tu vaux, Youri. Pas question de te brader. Si Monaco souhaite t'enrôler, qu'ils fassent un effort. Autrement, ce n'est pas une priorité. »

Quatre jours s'écoulent avant que Campora ne donne de ses nouvelles. L'accord intervient rapidement. Je signe cinq ans à l'AS Monaco. J'ai honoré mon engagement jusqu'au bout, sans connaître de problème avec Campora. Le respect est la base de la confiance. Mon parcours m'a tôt enseigné que négocier honnêtement un contrat incite un président à davantage de respect. J'ai essayé de transmettre ce message aux jeunes joueurs, à Lilian Thuram par exemple. Nous nous sommes connus à Monaco.

Quand il a reçu des propositions italiennes, il s'est tourné vers moi, d'autant qu'il n'avait pas d'agent.

— Si tu vas à l'étranger, Lilian, il faut que le club te désire réellement. Sinon, tu grossiras le rang des remplaçants et tu déprimeras. Et puis, pas de sentiments durant les débats. Le dirigeant va sans doute jouer de son aura et de son pouvoir. A toi de le fixer dans les yeux et de traiter d'égal à égal. Ne te sens pas comme un enfant devant son père. Développe tes arguments. Une fois que le contrat est signé, concentre-toi uniquement sur le football.

— Et si j'ai un doute ?

— Alors ne signe pas. Tôt ou tard, cela se retournera contre toi. Tu cogiteras, regretteras de ne pas avoir obtenu le salaire escompté.

Lilian figure encore sur le banc lorsque je découvre la première division, le 10 novembre 1990, lors de la seizième journée. L'ASM joue à domicile, au stade Louis-II, face à Sochaux, le club qui n'avait pas souhaité que j'intègre son centre de formation. Ils auraient dû savoir qu'il est vain de se dresser en travers de mon chemin ! A la 64e minute, sous les yeux de mon père, je remplace Benjamin Clément, un chic type à la destinée singulière. A peine les crampons sont-ils posés sur le gazon, je cours comme un fou. Je suis partout. A droite, à gauche, derrière. En quelques minutes, je suis vidé. « Je n'ai pas compris où tu allais », remarquera mon père dans les couloirs du vestiaire. La première observation est que, au niveau du jeu et du rythme, je ne suis pas dépassé par les événements. La D1, qui me paraissait un autre monde vu du banc, ne m'effraie pas. A moins que l'euphorie de cette première, remportée 1-0, ne m'ait tourné la tête.

Je n'ai besoin que de trois journées pour inscrire mon premier but. Le Stade Rennais est la victime. Je marque en Bretagne d'une belle reprise de volée croisée, qui heurte le poteau. Pierrick Hiard, ex-international, est battu. Je fête dignement ma première titularisation. Je suis épanoui dans cette équipe. Le climat me change de l'Alsace. En plein mois de novembre, je me baigne dans la mer. Je suis installé au centre-ville, dans l'ancien appartement du tennisman Boris Becker. Le casino rutilant de Monte-Carlo n'est pas loin. Bien que le fréquenter soit déconseillé par le club, j'y accompagne un jour des membres de ma famille. Le lendemain matin, à l'entraînement, les dirigeants de l'ASM, déjà avertis, me le font remarquer. Les tentations sont grandes dans la principauté mais j'y résiste. Le club est un tel cocon, la ville un tel ravissement que le danger consisterait à se reposer sur ses lauriers. Dans ce cas, on s'endort, certes au soleil, mais la volonté s'étiole. Je ne suis pas dans cette logique. Je bûche avec acharnement et surmonte la passion feutrée du public. Parfois, ils sont à peine 2 000 dans le stade. Cela ne me dérange pas car je sais où je mets les pieds.

L'équipe monégasque est aguerrie. Jean-Luc Ettori, gardien à la longévité exemplaire, et Claude Puel, désormais entraîneur de Lille, m'apprennent beaucoup. Je suis aussi ami avec Luc Sonor et Marcel Dib. Sans oublier Emmanuel Petit, qui, à l'époque, porte une petite moustache. En fin de saison, six mois après ma découverte de la D1, le club se qualifie pour la finale de la Coupe de France. Une épreuve mythique, deux fois remportée par mon père. Je rêve de la conquérir à mon tour. Le Parc des Princes est plein. La plupart des spectateurs encouragent Marseille. Mais Jean-Pierre Papin, Manuel Amoros, Basile Boli, Chris Waddle et Abedi Pelé sont fragilisés : l'OM vient d'être battu à Bari aux tirs au but en finale de la Coupe d'Europe des clubs champions par l'Etoile rouge de Belgrade.

Avant le coup d'envoi, sur la pelouse, le président François Mitterrand, guidé par les capitaines respectifs, serre la main de tous les joueurs. J'ai montré à ma grand-mère la photo du chef de l'Etat en train de me saluer. A ses copines de la résidence pour personnes âgées de Décines, elle racontait que son petit-fils connaissait personnellement François Mitterrand !

Le match, ce samedi 8 juin, est engagé. Je joue faux ailier droit, épaulé par George Weah et Youssouf Fofana. Le score est toujours vierge à l'approche des prolongations. Joël Quiniou s'apprête à siffler la fin de la rencontre quand Gérald Passi, qui m'a remplacé à l'heure de jeu, décoche une frappe tendue dans la lucarne de Pascal Olmeta. La Coupe de France, perdue trois fois ces quinze dernières années par le club, est à nous. Je marche sur les traces de mon père. Je suis comblé. Nous entreprenons un tour d'honneur extatique. Le lendemain, dans la principauté, nous sommes gratifiés d'un accueil princier !

Avec ce premier trophée chez les grands, je m'offre un pur plaisir : une Porsche 911 Carrera 2. Posséder ce bijou me faisait envie depuis Strasbourg déjà. Mes parents m'avaient suggéré d'attendre une belle occasion pour franchir le pas. La Coupe de France tombe à pic. La Porsche bleu nuit réside toujours dans mon garage, sur la Côte d'Azur.

⁎⁎⁎

« *Pour qui sont ces serpents qui sifflent sur nos têtes ?* » Racine, dans *Andromaque*. Moi, je suis davantage *Snake*, traduction anglaise du reptile rampant. C'est en effet le surnom dont m'affuble Marc Delaroche, le gardien remplaçant de l'AS Monaco, formé au club. A l'issue de chaque séance d'entraînement, j'enchaîne les frappes des deux pieds. Marc essuie mes tirs nourris. « Les ballons que tu m'expédies ressemblent à ceux d'un serpent. On croit qu'ils filent à droite alors que, au dernier moment, la trajectoire bifurque vers la gauche. Et vice-versa. Oui, ces frappes enroulées sont celles d'un *snake.* » Le surnom est resté. Il s'est répandu jusqu'aux partenaires de l'équipe de France, puis aux médias, qui me l'ont dès lors attribué, y décelant également une allusion à la façon de me déplacer sur le terrain, libre et inattendue, et à ma capacité à éliminer mes vis-à-vis.

Même à New York, certains qui ont découvert ce surnom en surfant sur Internet m'appellent ainsi. Ce n'est pas désagréable. Le seul à résister est Luis Fernandez. Mais à son corps défendant. Au PSG, maîtrisant mal l'anglais, il essayait de prononcer *snake.* Sauf que, dans sa bouche, cela se transformait en

Seznec, comme l'industriel au destin tragique ! Arsène Wenger, lui, est d'une autre nature. Les langues étrangères ne sont pas un obstacle : il le prouvera en s'exilant au Japon, à Nagoya, puis en devenant manager d'Arsenal à partir de 1996. En attendant, après des débuts dans l'élite à Nancy, il parfait ses gammes dans la principauté.

La confiance qu'il me témoigne est à courant alternatif. Il avait pourtant insisté pour que je signe à Monaco. Un jour, je suis titulaire et je marque, le lendemain il me laisse sur le banc. J'en souffre. Il me parle peu, alors que, justement, j'ai besoin d'être cadré, encouragé. J'ai le sentiment qu'il me reproche de n'être obsédé que par le but, de dédaigner les tâches défensives. Je n'ai pas su percer son mystère, tant il était avare de confidences. Quand je voulais crever l'abcès et comprendre ce qu'il attendait de moi, ses explications n'étaient pas claires. Cela a renforcé notre incompréhension mutuelle.

Arsène part du principe que, éclos tard et provenant de la D2, je manque de constance. Il désire que je me fasse violence. Du coup, il me cantonne au couloir droit. Je ne me sens pas à l'aise à ce poste, qui me conduit parfois, dans son système, à me retrouver à droite de la défense ! La plupart du temps, je me contente même de rentrer en cours de match. En fin de saison, je retourne voir Arsène, encouragé par mon père qui ne comprend pas la situation : « Qu'il te donne au moins des explications », me conseille ce dernier.

Lorsque je lui fais part de mon désir de rester mais que, faute de temps de jeu, je pourrais être tenté de voir ailleurs, Arsène me rabroue en assurant : « Aucune chance que tu partes, Youri. Le club ne te laissera pas faire. Je ne te garantis pas une place de titulaire mais tu auras ta chance dans la saison. »

Je remballe donc mon orgueil. Au cœur de l'été 1993, je participe à un tournoi aux Antilles avec l'équipe de France A'. J'inaugure ainsi le stade Dillon, à Fort-de-France, où les Bleus de Raymond Domenech ont affronté le Costa Rica en novembre 2005. Je marque trois buts en deux rencontres. Puis l'équipe domine la Russie à Guingamp : 4-1, avec à mon actif un doublé et deux passes décisives. Mon statut d'intermittent sur le Rocher étonne de plus en plus.

Ce match au Roudourou est décisif. Arsène ne peut plus faire autrement que de m'accorder ma chance, d'autant qu'un joueur se blesse. Je me montre à la hauteur du défi. J'aligne les rencontres de qualité. Je ne sors plus de l'équipe. Deux mois plus tard, Gérard Houllier me sélectionne en équipe de France. A la fin de la saison, avec vingt réalisations, le double de mon partenaire Jürgen Klinsmann, champion du monde en titre, je termine meilleur buteur du championnat, ex aequo avec le Lensois Roger Boli et le Nantais Nicolas Ouédec. Un attaquant monégasque n'avait pas été honoré de la sorte depuis Dellio Onnis en 1980. C'est d'autant mieux que, à l'ASM, je joue milieu de terrain !

Je sais pourtant que je n'ai pas droit à l'erreur. Avec Arsène, nos rapports sont strictement professionnels. Il me tolère davantage qu'il ne m'approuve.

Je perçois sa méfiance à mon égard, comme s'il estimait que je n'existais pas sans marquer. Pourtant, quand je me rends dans son bureau, il me jure :

— Non non, pas de problème Youri, tout va bien.

— Mais non, puisque je ne joue pas. Cela ne peut pas aller.

— Tu te trompes. Je suis content de toi. Mais j'attends encore plus.

— C'est-à-dire ?

Il botte en touche, n'évoque pas d'exemple. Je suis livré à moi-même.

Cette distance ne déteint pas sur le reste du groupe, à la mentalité exemplaire. Malgré une neuvième place en championnat peu enviable, l'effectif a de l'allure. Il y a Franck Dumas, Patrick Valéry, Victor Ikpeba, Enzo Scifo, Lilian Thuram, Gilles Grimandi, Amara Simba ou Patrick Blondeau. Le prince Albert participe parfois aux entraînements. Il donne de sa personne et, ma foi, joue avec cœur. Il se montre très attaché au club et rate rarement une sortie au stade Louis-II.

Il est là, naturellement, pour mon initiation à l'Europe, à la fin de l'été 1991. En Coupe des coupes, épreuve désormais disparue, nous recevons les Gallois de Swansea. Le grand Pelé est dans les tribunes. Le match est une promenade de santé. Victoire 8-0 et je participe au récital. Le lendemain, Pelé admet dans une gazette avoir « aimé le but du petit jeune ». Les joutes continentales, qui rythment le milieu de semaine, recèlent une atmosphère particulière. L'intensité, l'arbitrage, la pression diffèrent.

J'adore cette sensation. L'épreuve nous sourit. En quarts de finale, Monaco réalise un exploit en éliminant l'AS Roma. Au tour suivant, nous sortons difficilement le Feyenoord Rotterdam. Les Hollandais obtiennent le nul à Louis-II (1-1) mais, au retour, nous inscrivons deux buts. Le combat est magnifique d'âpreté. Malheureusement, personne ne le verra. Le match devait être diffusé en France. Un désaccord de dernière minute a fait disparaître le programme.

L'ASM reste en lice pour un triplé inédit. Le club lutte avec l'OM pour glaner le titre de champion, s'est qualifié pour la finale de la Coupe de France et s'apprête à disputer la première finale européenne de son histoire, le 6 mai 1992. Rare est l'occasion de remporter une Coupe d'Europe, qui a échappé dans le dernier face à face à Reims, Saint-Etienne, Bastia et Marseille. L'adversaire pour entrer dans la légende n'a rien d'une terreur : le Werder Brême, emmené en attaque par Klaus Allofs. Monaco est clairement favori.

La rencontre a lieu à Lisbonne, dans le stade de la Luz, qui héberge les parties de Benfica et peut accueillir jusqu'à 120 000 personnes. Pour notre finale, l'enceinte est vide. Seuls 16 000 billets ont trouvé preneurs. Les spectateurs, assommés par la chaleur, sont éparpillés dans les tribunes. Dans nos rangs, personne n'a le cœur à sourire. La veille, depuis notre hôtel portugais, nous avons suivi l'autre demi-finale de Coupe de France. L'objectif était de savoir qui de Bastia ou de Marseille serait notre adversaire au Parc des Princes. Mais le match n'a jamais commencé. A la place, du bruit de tôles, des cris et de la fureur. La tribune nord et les gradins montés hâtivement sur les échafaudages du vétuste stade de Furiani s'écroulent, faisant dix-huit morts et plus de 2 000 blessés. La Corse est meurtrie. La Fédération française décidera d'annuler la finale de la Coupe.

En pénétrant sur la pelouse lisboète, nous sommes ailleurs. Les terribles images hantent encore nos cerveaux. Nous avons veillé tard pour être au courant des derniers soubresauts de cette triste histoire. L'effervescence habituelle propre à une finale est absente, l'influx s'est évaporé. La minute de silence est glaçante. Malgré le deuil, nous jouons. Mal, très mal, excepté un premier quart d'heure entreprenant. Arsène me confine au banc. Les Allemands, à défaut de génie, sont solides. Réalistes, aussi. Ils marquent un but par mi-temps. Je pénètre sur la pelouse à la 62e. Trop tard à mon goût. Je pensais débuter mais Wenger a choisi Rui Barros, qui se remettait d'une blessure, et Gérald Passi, pourtant touché. Je suis frustré. Le coach emploie une tactique frileuse. Nous sommes passifs alors que nous avons les moyens d'agir différemment. Cela reste un mauvais souvenir. Je me suis promis de jouer et de gagner une autre finale de Coupe d'Europe.

Deux ans plus tard, en 1994, Monaco dispute la nouvelle Ligue des champions, bénéficiant du déclassement sur tapis vert de Marseille à cause de l'affaire VA-OM. Ce repêchage miraculeux est une heureuse surprise. Après les éliminations de l'AEK Athènes et du Steaua Bucarest, nous nous retrouvons dans une poule avec Barcelone, Galatasaray Istanbul et le Spartak Moscou. En dépit de deux défaites face aux Catalans, nous nous en sortons encore. En demi-finale, sur un seul match, Monaco défie à San Siro le leader de l'autre groupe, le grand Milan AC de Baresi et Boban, entraîné par Fabio Capello. Marcel Desailly, d'un puissant coup de tête, ouvre la marque. Nous encaissons deux autres buts mais quittons la compétition satisfaits : notre campagne européenne a été conquérante.

Je positive. C'est devenu chez moi une façon d'être. L'humilité m'a toujours accompagné. La rencontre à Monaco avec un moine tibétain a accentué ce trait de caractère. Cet homme a contribué à parfaire mon éveil à la religion bouddhiste, la plus belle et la plus juste qui soit. Un ami, qui a eu la chance de rencontrer le dalaï-lama au nord-ouest de l'Inde où « l'Océan de sagesse » est en exil, m'avait déjà permis de mieux la comprendre. J'ai aussi dévoré beaucoup d'ouvrages sur le sujet ainsi que sur le chef spirituel et temporel du peuple tibétain. Mon père est originaire de Kalmoukie et, je l'ai appris plus tard, le bouddhisme tibétain constitue la principale religion du pays. Cette philosophie me sert de viatique, même si je n'applique pas toujours ses préceptes à la lettre.

Je suis sensible à la réincarnation et au karma. En revanche, quand sur le port de Monaco, là où est dessinée la grille de départ du Grand prix de F1, apparaît devant moi Ayrton Senna, calé à l'arrière d'un taxi, il ne s'agit pas d'une hallucination. Le pilote brésilien est l'une de mes idoles. Je fais démarrer mon scooter et le suis à travers la ville. Je tiens à savoir où il habite. Et là, surprise, le taxi se gare en face de chez moi. Senna, quand il est en Europe, se trouve installé de l'autre côté de ma rue ! La façon dont il a, au-delà des victoires, dominé son sport me fascine. Je nourris le même respect envers Michael Jordan. J'ai aussi connu le bonheur éphémère de croiser la route du numéro 23 des Chicago Bulls. Un peu avant les jeux Olympiques de Barcelone, en 1992, la Dream Team dispute un match de préparation à Monaco. J'apprends la venue de ces stars du panier, en passant, toujours sur mon deux-roues, le long du Loews. Garé devant le complexe hôtelier qui surplombe la mer, je vois sortir d'un bus de grands Blacks de deux mètres. De Magic Johnson à Larry Bird, de Charles Barkley à Scottie Pippen, de Patrick Ewing à John Stockton : tous défilent sous mes yeux. Je suis ébahi. Le lendemain, je croise Jordan et sa bande au casino, puis sur les greens. Décontractés, élégants, ils se détendent au golf.

Grâce à l'AS Monaco, nous avons la possibilité d'assister à la rencontre amicale, à huis clos, entre les Etats-Unis et la France. Du banc, je suis au cœur de l'action. Les Américains se promènent : 111 à 71 ! A deux minutes de la fin, sur un rebond, Stéphane Ostrowski s'empare du ballon. Jordan, vexé, devient agressif et récupère son dû, jouant des coudes pour un ballon anodin, alors que le score est plié ! J'ai compris ce qu'est un compétiteur. Lorsque j'ai signé aux MetroStars en février 2005, je n'ai pas manqué d'aller applaudir les New York Knicks au Madison Square Garden. Jordan a quitté la piste aux étoiles mais son souvenir reste vivace.

LILIAN THURAM

« Je l'ai découvert lorsqu'il a signé à Monaco. Il venait de Strasbourg, alors en D2. Quelque part, nous avons grandi ensemble ! D'emblée, certains lui ont suggéré de changer son jeu, de raisonner davantage " collectif ". Il ne s'est fié qu'à son instinct. Il savait que sa façon de jouer était parfaitement adaptée. Il est allé au bout de sa logique, avec raison. Idem à son arrivée à Milan. Dans la presse italienne, on s'interrogeait sur sa capacité à briller dans le championnat le plus difficile. Il leur a répondu très calmement : " Ne vous inquiétez pas pour moi. Rendez-vous dans deux mois. " En quelques semaines à peine, il est devenu l'une des vedettes du Calcio. Sa force de caractère est au-dessus du lot. Il a confiance en lui et cette confiance le transcende.

Youri n'a jamais eu peur de prendre ses responsabilités, notamment dans les moments clés. Plus le niveau s'élevait, plus Youri se sentait dans son élément. Il l'a démontré en équipe de France. Dans le groupe, il était serein, relâché, presque froid. Ce n'est pas un hasard si on le surnommait le Snake ! Mais là où il m'a le plus bluffé, et à mon sens cela n'a pas été suffisamment remarqué, ce fut à l'occasion de la Coupe du monde 1998. Il a modifié son jeu pour se mettre davantage au service de l'équipe. Compte tenu de sa capacité à faire la différence dans les instants décisifs, ce sont en général les autres qui se plient à son jeu. Mais le Mondial représentait un univers différent. Youri l'a perçu et a inversé le schéma. Il a couru et défendu avec acharnement. Sa démarche altruiste a été utile et précieuse.

Youri m'a également décomplexé dans mes rapports à l'argent. N'ayant pas d'agent, il m'a aidé à mieux appréhender mes confrontations avec les présidents et m'a conseillé en substance : " Quand tu négocies, fais-le bien. Il faut défendre tes intérêts. Ne fais aucun sentiment, ne te laisse pas influencer. Ne regrette rien, ne te dévalorise pas. L'argent qu'on te propose, tu ne le voles pas. Une fois le contrat signé, concentre-toi uniquement sur le foot. " Pour toutes ces raisons-là, Youri fait partie des personnalités que j'apprécie et respecte énormément. »

5

Le Parc, mon jardin extraordinaire

J'ai pourtant été mis en garde : surtout, attention à Paris – les tentations de la capitale, la mauvaise ambiance au sein du PSG, la pression lancinante, des joueurs pourris gâtés qui se tirent dans les pattes, la présence quotidienne d'une dizaine de journalistes au camp des Loges qui décortiquent les moindres faits et gestes en les accentuant pour faire vendre ! Malgré tout, je ne doute pas de ma décision. Je suis déterminé. C'est Paris ou rien. J'ai bien fait : immédiatement, je me sens à l'aise dans ce club. Ce sentiment d'être comme à la maison est jouissif. Davantage qu'à Monaco, où l'atmosphère était plus distante, l'esprit clanique. Au PSG, je connais l'ambiance la plus familiale de ma carrière. Après chaque rencontre, sans que cela ne soit imposé, nous nous retrouvons pour dîner. Des tablées joyeuses et débridées d'une trentaine de convives. Mon séjour est court mais riche et constitue une année de rêve.

Depuis plusieurs saisons déjà, le Paris Saint-Germain me courtise. Cette fois, c'est la bonne. Les tractations, pourtant, ont duré. Paris veut un engagement de trois ans, je n'aspire qu'à un contrat de deux saisons. Pas question de céder. Lassé, je pars à New York, mon refuge, histoire de décompresser. C'est dans ma chambre d'hôtel, en pleine nuit, compte tenu du décalage horaire, que Denis me téléphone. Il m'annonce l'accord de toutes les parties. « Youri, c'est officiel, tu es transféré à Paris. – Super Denis, mais tu aurais pu attendre que le jour se lève. » A peine ai-je raccroché que je me rendors. Trois minutes plus tard, je me réveille en sursaut, excité par ce nouveau défi, déjà avide d'en découdre.

Depuis sa reprise par Canal + en 1991, le PSG nourrit de grandes ambitions. Le club s'est stabilisé structurellement et monte intelligemment en régime. En fin de contrat à Monaco, convoité par des clubs espagnols, je choisis donc Paris. L'étranger me paraît prématuré. Un coup de fil de Luis Fernandez achève de me convaincre. L'adhésion de l'entraîneur et celle du président sont primordiales car cela évite, en général, tout désagrément.

Le PSG était inscrit dans mon cheminement, dans mes gènes, presque. Mon père a été l'un des pionniers du club. Impossible d'être dépaysé à Saint-Germain-en-Laye. L'école, la boucherie et la boulangerie n'ont pas changé d'un iota quand j'y reviens. Les souvenirs d'enfance affluent et remontent à la surface, pleins d'insouciance. Entre 2 et 6 ans, j'étais installé à quelques centaines de mètres du camp des Loges, le centre d'entraînement ! Saint-Germain, j'en connais les moindres recoins. Nous avons d'abord vécu dans une villa sur trois étages, rue Pereire. Il fallait de la place car l'endroit était fréquenté par les quatre frères de ma mère, souvent à Paris pour affaires. Nous donnions sur une grande route : bruyant mais tellement agréable. Ensuite, nous avons déménagé, toujours près de là, dans une maison toute simple, à un niveau, qui s'étalait en longueur, si bien qu'on aurait dit une locomotive. Le terrain, plus grand, était propice aux parties de foot. J'étais dans les buts et Denis frappait. Des cailloux jonchaient le sol. Pour ne pas m'écorcher les genoux, j'étalais un bout de moquette, sur lequel j'effectuais mes plongeons sur les tirs de Denis.

Durant les vacances scolaires, nous étions envoyés à Lyon chez les grands-parents. Ils nous attendaient à l'aéroport. Les trois frères prenant l'avion seuls : nous étions super fiers. Fiers, aussi, de notre père. Capitaine et arrière-gauche de l'Olympique de Marseille, lauréat de la Coupe de France remise à Colombes par Alain Poher, président du Sénat assurant l'intérim après les événements de 1968, il s'était laissé séduire par le challenge parisien, club en jachère.

Le Paris Saint-Germain Football Club est né deux ans plus tard. Un appel lancé par Pierre Bellemare sur les ondes d'Europe 1 a convaincu 20 000 souscripteurs de contribuer à financer la renaissance d'une grande équipe à Paris. Sacha Distel et Enrico Macias figurent parmi les parrains originels. Ce soutien populaire a donné l'énergie nécessaire à Guy Crescent, patron des transporteurs Calberson, et Pierre-Etienne Guyot, vice-président du Racing, pour boucler le projet. Et c'est ainsi, grâce également au Stade Sangermanois d'Henri Patrelle, avec lequel il a fusionné, que le PSG a pu débuter en National.

Mon père a pris le risque de se remettre en cause pour tenter cette aventure entre copains un peu insensée. Un an plus tard, Paris, mélange de professionnels et d'amateurs, remportait le championnat national, obtenant le droit de frayer avec l'élite. Premier capitaine de l'histoire du PSG, il est resté deux saisons au club. Le temps d'assister à l'inauguration du Parc des Princes, qui a rouvert ses portes en juin 1972 après cinq ans de travaux pour permettre le passage du périphérique. Le président Georges Pompidou a baptisé l'enceinte de 48 500 places à l'occasion de la finale de la Coupe de France. Sans forfanterie, j'ai été l'un des premiers à fouler la nouvelle pelouse de ce stade mythique. Mon père nous avait emmenés au Parc un après-midi juste avant son ouverture. J'avais 4 ans. Sur une photo, on m'aperçoit tacler Denis, mon petit bidon en avant.

A l'époque, j'étais fan de Zorro. La série noir et blanc passait à la télévision. Mes parents m'avaient offert la panoplie complète du vengeur masqué, de la cape à l'épée en passant par le bandeau et le chapeau. Un jour, un collègue du PSG, le défenseur Roland Mitoraj, cinq fois champion de France avec Saint-Etienne, débarque à la maison avec sa femme Danielle. M'apercevant accoutré en Zorro, en train de signer mon nom à la pointe de l'épée, et pour moquer gentiment mon embonpoint, il avance : « Youri, désolé de te décevoir mais tu es plutôt sergent Garcia que Zorro ! » Eclat de rire général. Je ne suis pas de nature à me vexer, donc j'ai souri. L'anecdote et le surnom sont restés.

En courant derrière Denis au Parc devant un parterre vide, j'ai conscience d'être un privilégié. En plus, je porte le maillot d'une équipe prestigieuse du Brésil, Santos, où Pelé a tant brillé. Mon père m'a rapporté la tenue ainsi que celle de Botafogo lors d'une tournée de trois semaines avec l'équipe de France en Amérique du Sud. Il s'agissait d'un tournoi international, disputé l'été 1972 à l'occasion du cent cinquantième anniversaire de l'indépendance du Brésil. Les Bleus avaient été éliminés à la différence de buts par l'Argentine d'Oswaldo Piazza et de Carlos Bianchi, futur buteur du PSG notamment.

A cette époque, le Parc m'effraie. Contrairement à Denis, je ne suis guère absorbé par le spectacle. Le bruit de la foule me remue. J'ai mal aux oreilles tellement c'est strident. D'ailleurs, je me les bouche ! En revanche, quand je signe au Paris Saint-Germain, quasiment vingt-cinq ans jour pour jour après mon père, la donne a changé. Le public me bouleverse. Il m'inspire, que ce soit avec Paris ou avec l'équipe de France. Du Parc, j'aime les supporters, l'architecture, l'environnement, les vestiaires. L'osmose est immédiate. J'ai le PSG dans la peau.

Je trouve mon havre de paix à Saint-Germain-en-Laye. Je souhaitais m'installer au cœur de Paris mais le club a refusé à cause des embouteillages inévitables pour rejoindre chaque matin l'entraînement au camp des Loges. Après deux-trois nuits à l'hôtel, en attendant que mon logement soit libre, je me pose chez

José Cobos, avec lequel j'ai joué à Strasbourg. Il connaît tout le monde et accélère mon intégration, favorisée aussi par le fait que tous les joueurs demeurent dans un périmètre restreint, près du camp. Souvent, nous organisons un barbecue chez l'un, débarquant à l'improviste. Autour de grillades, les discussions se prolongent jusqu'au petit matin.

Et puis il y a de sacrés joueurs dans l'équipe : Daniel Bravo, qui me comprend tout de suite et avec qui je partage énormément de choses, Bernard Lama, Paul Le Guen, Alain Roche, Raï, Laurent Fournier, Vincent Guérin, Bruno Ngotty, Pascal Nouma, Patrice Loko, Patrick Colleter ou Francis Llacer. Quand nous ne sommes pas invités, Sophie et moi, nous nous rendons à Paris, découvrir de nouveaux restaurants, profiter d'une pièce de théâtre, d'un concert, d'une exposition ou d'un musée. La ville est idéale pour se cultiver. Grâce à Vartan Ohanian, mon cousin, je sympathise avec les membres du groupe No One Is Innocent, auteurs du tube *La Peau*. Le groupe est alors l'une des formations phares de la scène rock, alternative française avec Noir Désir.

Je me suis particulièrement bien entendu avec leur chanteur, d'origine arménienne. Kmar Gulbenkian a d'ailleurs porté un tee-shirt numéro 6 floqué à mon nom en concert. Sa spécialité : se jeter dans la foule du haut de la scène. J'aurais bien voulu l'imiter mais je n'en ai pas eu l'occasion ! Avec Kmar, nous passons des soirées à refaire le monde. Nous parlons musique, notamment : j'ai toujours eu une oreille développée, sans doute pour m'être nourri de la culture pop anglaise et de la new wave écoutées à l'école, mais aussi des morceaux fredonnés avec les copains dans les clubs de quartiers, tels AC/DC, Earth Wind and Fire, Jackson Five ou Kool and the Gang. L'un de mes grands regrets est de ne pas savoir jouer d'un instrument.

Dans notre sport, nous nous isolons beaucoup. Pour me concentrer comme pour me motiver, j'écoute beaucoup de musique. Les notes m'accompagnent à chaque instant de l'existence, y compris pendant les matches. Mes goûts sont éclectiques, du rock dur à la house. Je télécharge sur Internet des remix singuliers, introuvables dans le commerce, me constituant ainsi une discothèque ambulante. Je ne conçois pas de me rendre à l'entraînement sans monter le volume de l'autoradio. Ce n'est pas un hasard si je compte, parmi mes amis, de nombreux disc-jockeys. A la maison, j'ai longtemps eu un petit studio d'enregistrement, avec matériel de mixage, tables équipées de platines CD et vinyles : rien de transcendant, mais la possibilité de m'offrir de menus plaisirs.

J'ai poussé le vice, en 2000, jusqu'à poser ma voix dans un morceau, *Vivre dans ta lumière*. La maquette de la chanson avait été composée par un artiste lyonnais qui me l'avait fait transmettre. J'ai tenté le challenge. Je suis allé en studio et je me suis éclaté. Le disque est passé à la radio. Je n'ai pas à rougir du résultat. La chanteuse Carole Fredericks, longtemps choriste de Jean-Jacques Goldman, a accepté de signer les chœurs. J'ai aussi tourné un clip, dans lequel je porte un débardeur noir moulant. Le milieu du foot m'a gentiment chambré mais je ne regrette rien. L'expérience valait le détour, même si en assurer la promo s'est révélé complexe, faute de temps. La musique est vraiment l'une des facettes de ma personnalité.

J'aime varier les saveurs de l'existence. Je suis un adepte des mezze, d'un point de vue philosophique et pas seulement gastronomique. On pose les assiettes sur la table et tout le monde se sert, accommodant la nourriture à sa propre sauce. C'est l'essence même de mon fonctionnement. Chaque jour qui passe, je m'invente au moins une réjouissance. Si je n'en trouve pas, je m'en fabrique une. Une journée dénuée de satisfaction n'existe pas chez moi. La forme importe peu. Cela peut être manger un hamburger en famille comme écouter un bon disque ou déguster, accoudé au zinc, le concentré d'arômes de l'espresso du matin encore fumant.

Au Paris Saint-Germain, les occasions de se dérider sont multiples. L'effectif est costaud. Le club vient de remporter la Coupe de France et la Coupe de la Ligue. George Weah, David Ginola, Valdo, Ricardo et Antoine Kombouaré sont partis. Je ne suis pas la seule recrue. Loko, Ngotty, Fournier et le Panaméen Julio Cesar Dely Valdès complètent la photo officielle. Au mois d'août, je m'offre mon premier doublé au Parc, face à Saint-Etienne. Mes plus belles réalisations de la saison ont lieu dans ce stade : face à Auxerre, une volée croisée après un bel une-deux avec Raï, mon complice du milieu, et contre Nantes une pichenette culottée. Malgré tout, notre championnat garde un parfum d'inachevé. Le titre nous tendait les bras. Notre départ est canon. A la trêve, nous comptons six points d'avance sur Lens, dix sur Auxerre. Puis, inexplicablement, nous nous écroulons. Nous dilapidons notre capital, comme à domicile, contre Montpellier, alors que nous menons 2-0 à un quart d'heure de la fin.

L'équipe de Guy Roux grignote son handicap et nous dépasse dans l'ultime ligne droite. J'en veux à Luis Fernandez pour une réaction d'orgueil mal placée. Les faits remontent au 23 avril. Il restait encore quatre journées à disputer. Nous accueillons Martigues, le dernier du classement. Grâce à ce match en retard, une victoire et nous précédons Auxerre. Le matin, durant la mise au vert, nous effectuons notre promenade traditionnelle. Le cadre ne varie pas : un hôtel de la région parisienne avec un parcours de golf. Je clos la marche, discutant avec Daniel Bravo. L'air est frais, le vent tourbillonne. J'ai peur d'attraper froid. Je décide de repasser par la chambre récupérer une veste, imité par Daniel. L'équipe poursuit son tour sans nous.

Nous achevons la flânerie champêtre avec le groupe. Le déjeuner s'écoule normalement. Puis arrivent la sieste et la collation. Luis dévoile l'équipe qui débutera contre Martigues : Daniel et moi en sommes absents. « Il y a des règles à respecter. Si vous ne voulez pas les suivre, libre à vous. Mais mon boulot est de sanctionner. La sanction est claire : vous ne jouez pas », précise-t-il en nous regardant. Je tombe des nues. « Mais Luis, tu es fou ? Daniel et moi sommes juste allés enfiler une veste car nous commencions à grelotter. » Luis voulant affirmer publiquement son autorité, il demeure sourd à nos suppliques. Son attitude est stupide. Le PSG peut encore gagner le championnat et s'apprête à disputer, dix jours plus tard, sa première finale de Coupe d'Europe.

Dans l'esprit de Luis, le schéma est limpide : Paris, sans Bravo et Djorkaeff, redevient leader du championnat en dominant Martigues. Une façon de montrer que ses choix s'avèrent judicieux. Sauf que, malgré le soutien de 40 000 spectateurs, le PSG est incapable de marquer un but. Luis ne nous lance que très tard, trop tard, dans la partie. Je n'assure pas qu'une place de titulaire aurait suffi à vaincre, mais Luis a pris des risques inutiles, juste pour marquer son territoire. Après le match, il s'excuse. Je suis remonté : « Ce que tu nous fais est scandaleux. » Et je le pense sincèrement. Je n'ai pas d'a priori contre lui : il avait insisté pour que je signe à Paris, de même que Daniel lui est reconnaissant de l'avoir reconverti d'attaquant en milieu défensif, ce qui a changé radicalement son image. Mais, à ce moment précis, Luis nous pénalise et handicape l'équipe.

La confiance est brisée. D'ailleurs, la semaine suivante, nous nous inclinons à la dernière minute au Parc contre Lille, le dix-septième du classement. Le titre est définitivement envolé. J'ai le cœur lourd : « Tu n'avais pas le droit de te comporter ainsi, Luis. Toute l'année nous avons été solidaires et, là, tu nous plantes. » Luis est sous pression. Dans la presse, les déclarations fusent, notamment celles de Denisot. Luis sait qu'il partira en fin de saison et les relations se sont progressivement détériorées. En se privant de Daniel et moi, Luis s'est trompé de cible et de démarche. Il a déstabilisé le groupe à quelques heures du match le plus important de la jeune histoire du PSG. Nous nous interrogeons à haute voix : « Et comment réagit-on si Luis se comporte encore de la sorte le jour de la finale ? »

***

Lorsque j'ai signé mon contrat à Paris, j'avais surpris Michel Denisot. Tandis que le président m'avait demandé mes objectifs de la saison, j'avais répondu : « Gagner la Coupe d'Europe. »

Ce n'était pas pour fanfaronner. J'étais convaincu qu'il y avait quelque chose à réaliser. Le PSG allait alors disputer l'une des dernières éditions de la Coupe des coupes, certes moins prestigieuse que celle aux « grandes oreilles » brandie par l'OM, mais qui reste un trophée prestigieux.

L'aventure démarre timidement. J'aiguise mes crampons par un but, sur penalty, à Molde, en Norvège. Je douche ensuite l'enthousiasme des supporters du Celtic Glasgow par l'unique réalisation de la partie, du plat du pied droit. Pendant l'instant précédant ma frappe à ras de terre, j'ai eu le sentiment que le temps s'arrêtait, il n'y a plus un bruit dans la surface de réparation. Capter ce silence avant de marquer était extraordinaire. J'ai fait le vide dans ma tête, décomposant mes mouvements, comme au ralenti. Et but!

Puis, blessé, je rate l'essentiel du double sommet face à Parme. Mon retour est programmé pour la demi-finale, contre le Deportivo La Corogne, qui abrite deux champions du monde, Bebeto et Mauro Silva. Au match aller au Riazor le 4 avril, je rentre à dix minutes de la fin. Encore une minute à jouer. Dégagement lointain de Bernard Lama, Pascal Nouma prolonge l'action de la tête. Je récupère le ballon, côté gauche. Pascal embarque les Espagnols. Je repique dans l'axe et, aux seize mètres, j'enroule une frappe du pied droit. Pleine lucarne. Le gardien ne bouge pas. Je nettoie les filets. Sur mon premier ballon du match, sur le premier ou presque depuis un mois que je soigne ma contracture au mollet, je marque. Une frappe de fou. Un but splendide. C'est celui dont on me parle le plus quand on aborde ma période au PSG.

Ce but en Galice est une explosion de bonheur. Je ne touche plus le sol. Cet état surréaliste a commencé avant la partie. J'étais en transe. Là, mais ailleurs. J'irradiais. Mes partenaires ont perçu la force qui émanait de moi. « Tu semblais illuminé de l'intérieur », m'assurera José Cobos. Paris avait la mauvaise habitude d'échouer en demi-finale des Coupes d'Europe depuis trois ans. Je ne tenais pas à ce que ça se reproduise.

J'ai commencé sur le banc. Je ne lâchais pas Luis d'une semelle. Toutes les dix minutes, je lui demandais : « Quand est-ce que je rentre ?

— Va d'abord t'échauffer », répliquait-il.

Je refusais. Je voulais rester au plus près de lui, le faire craquer. « Oh, Luis, c'est bon, je suis chaud. Quand est-ce que je rentre ? »

Une première lézarde apparaît dans sa cuirasse. « OK Youri, deux minutes. — Pourquoi deux minutes, je suis chaud ? » Luis était plongé dans le match, il ne me voyait plus. Je me suis tourné vers son adjoint, Pierre Alonzo, le papa de Jérôme, l'actuel gardien du PSG. « Vas-y Pierrot, explique-lui, toi. » Il s'est exécuté, a glissé quelques mots à l'oreille de Luis. Celui-ci a opiné mécaniquement, marmonnant un « Ouais, ouais ». J'observais au tableau d'affichage les minutes s'égrener. Il songeait à lancer Stéphane Mahé, hésitait, se ravisait. Plus le chronomètre défilait, plus je me rapprochais. Luis gesticulait, a quitté son banc pour donner de la voix, haranguer les joueurs. Il s'est retourné, m'a dévisagé et m'a dit : « C'est bon, tu rentres. » J'ai quitté à toute vitesse mon survêtement, pendant qu'il m'expliquait les consignes. Je l'ai coupé : « OK Luis, OK. Il reste dix minutes à jouer. Je marque et je sors ! »

C'est vrai, j'ai un peu forcé la main de Luis. Je voulais rentrer pour moi mais surtout pour les copains : je me sentais capable de faire la différence. Pas question, en cas d'élimination, de pleurer à chaudes larmes en regrettant. Le romantisme des défaites à la française n'a jamais été ma tasse de thé. Je m'imaginais mal ruminer à la maison, regrettant de n'avoir pas eu ma chance. Dans le vestiaire, après le match, une sensation de plénitude nous a envahis.

L'ambiance est sereine. Nous nous serrons très fort, sans débordement. Les paroles sont superflues.

Le lendemain, je me trouve dans un petit bistrot de Pigalle où j'ai mes habitudes. Et je tombe nez à nez avec Francis Lalanne, sans sa guitare. En revanche, il a dans sa poche un petit carnet. Il l'extirpe, me le tend et me demande : « S'il te plaît Youri, dessine-moi ton but contre La Corogne. » Je lui emprunte un crayon, j'ouvre le calepin. Sur une feuille vierge, je dessine un trait droit, un autre trait puis encore un autre. Et j'écris « but » ! Simple, non, le football ? Cette frappe sèche nous ouvre les portes de la finale. Au retour, je fais une passe décisive à Loko. Le cinq centième match officiel de l'histoire du PSG est un succès. L'équipe partage la prime de qualification à parts égales entre les dix-neuf professionnels de l'effectif, preuve de notre état d'esprit. Le football français connaît un moment faste. Les Girondins, emmenés par Lizarazu, Zidane et Dugarry, obtiennent leur qualification pour la finale de la Coupe de l'UEFA. Bordeaux retrouvera le Bayern Munich. Notre adversaire à nous n'a rien d'une terreur : le Rapid Vienne, dont le principal danger est l'attaquant géant Carsten Jancker.

Théoriquement, le talent du PSG est nettement supérieur. Mais l'équipe traverse des soubresauts. Le championnat est perdu. Luis est isolé. Michel Denisot et lui ne s'adressent plus la parole. La moitié du groupe est fâchée avec Luis. Le climat délétère menace de faire imploser le groupe. Notre force de caractère et notre solidarité à tous crins ont leurs limites. Il faut trouver une solution. Paris part préparer la finale à Hendaye, au centre de thalasso de Serge Blanco. Nous y sommes depuis deux jours quand Michel demande à Yannick Noah, en vacances à Marrakech, de nous accompagner pour une sorte de psychothérapie de groupe. Certains avancent le terme « d'ostéopathe du cerveau » pour qualifier son rôle. Ce n'est pas dénué de sens.

La mission n'est pas aisée pour Yannick. Son premier discours donne le ton. « Ecoutez les gars, il existe deux façons d'agir. Ou on dit merde à tout le monde, on gagne la finale et on aura oublié ces moments de tension. Ou on continue de jouer ce jeu, ça se passe mal et vous vous en voudrez toute votre vie. Je vous le dis : cette finale vous appartient. C'est votre finale. » Il marque une pause. « Alors, comment voulez-vous procéder ? D'abord, souhaitez-vous parler à la presse ? » Un seul joueur lève le bras, le reste de la troupe ne tient pas à étaler ses états d'âme dans les journaux. « OK, on ne parle plus aux médias. Mais vous assumez car ça va être dur. » Nous tiendrons bon. Mieux : sur la côte Basque, nous n'ouvrons pas le moindre journal. Yannick nous prodigue cet autre conseil : « Dites à vos femmes et à vos parents de garder les articles. Vous les lirez tranquillement le lendemain de la finale. »

Le groupe ne se disperse pas. Nous travaillons dur à Hendaye, focalisés sur notre objectif. Yannick nous apporte une assistance précieuse. Il se concentre sur le mental, connecte le groupe. Il nous libère, si bien qu'on se surprend un matin à plonger dans l'océan glacé pour imiter Jean-Claude Perrin, le préparateur physique. Luis conserve l'aspect technique et se contente d'intervenir lors des séances d'entraînement. Le reste du temps, nous sommes entre nous, rien qu'entre nous, sans Luis ni d'autres membres du staff. Yannick et les joueurs, basta. En début de semaine, le club nous gratifie d'une permission de minuit l'espace d'une soirée. Frédéric Mankowski, le kiné de l'équipe de France, s'occupe du restaurant. Il a repéré un petit endroit chaleureux, près de la frontière espagnole, mais le dîner est servi tard en Espagne. Fred nous guide dans un bar à tapas proche de San Sebastian, avec un orchestre en prime. Nous rigolons, nous chambrons. Enfin, nous relâchons la pression. La sangria aide.

La température grimpe, nous commençons à être chauds. Le repas terminé, nous filons d'un bar à l'autre, flanqués de deux guitaristes espagnols. Ils ne nous lâchent pas et ponctuent chaque tournée d'un air entraînant. L'horloge tourne. A 23 heures, nous pénétrons dans un nouveau bar quand Yannick regarde sa montre. « Allez les gars, il faut rentrer. » Nous n'en avons pas franchement envie. La réponse fuse, collégiale : « Luis nous a pris pour des gamins. Minuit, qu'est-ce que ça veut dire. On reste. – Non non, il faut être sérieux », reprend Yannick. Nous quittons le bar à regret. Et là, sitôt la porte franchie, qui ôte son tee-shirt ? Yannick ! Nous entamons une farandole dans la ville, rejoignant d'un pas cadencé notre bus. A minuit pile, celui-ci stationne devant l'hôtel. Luis nous attend sur le perron, les bras croisés, sans décrisper la mâchoire. Nous sommes dans les temps, comme promis. Personne n'a envie de se coucher. Tandis que Luis s'éloigne, nous nous dirigeons vers le bar. Il est fermé, nous le faisons rouvrir. Nous sortons le champagne puis nous nous mettons en ronde. Un joueur se met en quête de musique. L'un se lève, les autres l'imitent. Et nous dansons. Rentrés à minuit à l'hôtel, comme nous y étions autorisés, notre fête intime joue les prolongations jusqu'à 5 heures du matin.

Au fur et à mesure, Yannick nous façonne une bulle, dans laquelle nous nous épanouissons. Il réussit en peu de temps à faire bloc, à faire abstraction de l'extérieur, à ériger des barrières fictives entre les autres et nous. Sans jouer les gourous, il nous décomplexe. Yannick est un préparateur mental extraordinaire. Grâce à lui, nous prenons confiance. Et puis il connaît le ballon. Son papa, Zacharie, ancien partenaire en défense de Roger Lemerre, a remporté la Coupe de France avec Sedan en 1961, trois ans avant mon père. Et Yannick sévit ponctuellement avec les Lions Indomptables du Cameroun. A Hendaye, au bord de la mer, il fait corps avec nous, participe aux footings sur la plage, toujours en tête. Il nous permet de toucher du doigt cette finale qui est la nôtre et celle de personne d'autre. Vainqueur de Roland-Garros comme joueur, puis de la Coupe Davis en tant qu'entraîneur, il a l'habitude de ce genre de rendez-vous décisif. Il insiste sur le fait qu'il est essentiel de vivre l'événement comme nous en avons envie. Le danger consisterait à être pollué par l'entourage au sens large, des dirigeants aux médias en passant par les supporters. « Coupez avec tout. Après, vous vous sentirez mieux. » Il a mille fois raison.

Ce 8 mai 1996, au stade du Roi-Baudoin, l'ancien Heysel – où onze ans plus tôt trente-neuf personnes sont mortes à la suite des charges de hooligans anglais avant la finale Juventus Turin-Liverpool –, nous sommes forts dans nos têtes. Près de 15 000 supporters parisiens font le déplacement à Bruxelles pour nous encourager. Dans les tribunes, mon père et mon frère n'en ratent pas une miette. D'entrée de jeu, Raï est touché à la cheville. Il sort. Un coup dur. Nous dominons la rencontre mais leur gardien, Konsel, est vigilant. A la demi-heure de jeu, Paris obtient un coup franc aux trente-cinq mètres. Je décale Bruno Ngotty, dont la frappe lourde et puissante transperce le mur. Le ballon, touché par un tibia autrichien, termine sa course dans la cage. Un but d'un stoppeur black portant le numéro 4, comme Basile Boli en 1993 avec l'OM.

La qualité de jeu n'est pas extraordinaire. Je me démène, tire sur la base du poteau. Il me manque juste un but pour que cette finale soit parfaite ; il ne vient pas. Le Rapid Vienne manque même d'égaliser en fin de partie mais Lama sort le grand jeu. Je ne suis pas inquiet, je sais que nous allons gagner. Ça y est, c'est terminé. Paris est champion d'Europe.

Nous ne nous lassons pas de toucher ce trophée, cette Coupe des vainqueurs de coupe. Le podium est installé sur la pelouse. Nous prenons la pose sur fond éructant de *We are the Champions*. Yannick ne veut pas monter. Bien qu'il nous répète que ce moment nous appartient, nous l'amenons de force sur la plus haute marche. Et c'est parti pour une *Saga Africa* du diable. Yannick nous a transmis de la sérénité au moment où nous en avions le plus besoin, quand le club, miné de l'intérieur, était incapable de nous fournir ce souffle. Il a eu du mérite. J'ai aimé son geste : nous laisser savourer notre titre, ne pas en tirer profit.

Le lendemain du titre, l'euphorie ne s'estompe pas, loin de là. Les joueurs se teignent les cheveux en vert, la couleur de nos adversaires autrichiens. Je refuse. Pas question de me rendre à l'Elysée grimé en petit homme vert. En effet, après un déjeuner à la Mairie de Paris, le PSG est reçu par le président Chirac, qui nous félicite ardemment. Il avait annulé un dîner officiel afin de suivre la rencontre devant son poste. Dans la foulée, nous remontons les Champs-Elysées. Je me régale. Le public est aux anges, il déborde d'enthousiasme. Dans son désir de nous toucher, il bouscule les véhicules que nous occupons, brisant des vitres. La fête est intégrale ! En début de soirée, direction le Parc des Princes. Ils sont plus de 30 000 massés porte de Saint-Cloud, patientant dans la joie et la fureur pour nous ovationner. Jean-Philippe d'Hallivilée, le responsable communication du PSG, nous expose la teneur de la cérémonie. « Tout est en place. Le speaker annonce vos noms un par un, vous défilez sur la pelouse. Vous allez au milieu de l'estrade, entourée de barrières de sécurité, et vous brandissez la Coupe. Peut-être ferez-vous un tour d'honneur. En tout cas, en vingt minutes, l'affaire est réglée. »

Le timing n'a pas pu être respecté. A peine le premier joueur rentre-t-il sur le terrain, escalade le podium, que la foule envahit la pelouse. Nous nous réfugions en courant dans le vestiaire. Le service de sécurité est dépassé. Nous restons bloqués deux heures. Les fans sont en transe. Nous ? Nous chantons, nous dansons. Seul intrus toléré, Vartan, mon cousin, qui filme ces moments à part. Luis est là, en partance bientôt pour Bilbao. A 36 ans, il est le premier entraîneur français lauréat d'une Coupe d'Europe. Yannick est avec ses enfants. Ensuite, nous dînons tous ensemble, avant de poursuivre cette nuit magique. Partout, nous sommes reçus en fanfare. Dès qu'on passe une tête dans une boîte, le disc-jockey arrête la musique. Et, de la piste, émergent des cris. Le slogan est imparable : « On a gagné, on a gagné. »

A l'occasion de la dernière journée de championnat, nous recevons Bastia. Le public n'est pas redescendu sur terre. Nous non plus. Le PSG régale. Un festival offensif, auréolé d'une correction : 5-1. Je suis impliqué dans deux buts et je réalise le coup du chapeau. Oui, un triplé, pour mes adieux. Car je suis en route pour l'Inter Milan. Les supporters ne m'en tiennent pas rigueur. Les 43 000 spectateurs ne cessent de scander mon nom, hurlant : « Youri à Paris, Youri à Paris. » J'aurais pu rester au PSG. Si les dirigeants étaient venus me voir en décembre en me proposant de prolonger mon contrat, j'aurais probablement accepté. Ils ont tergiversé, attendu la finale contre Vienne pour me convaincre de rester. Michel a mis dans la balance un très long contrat : dix ans au club, six ans comme joueur, le reste à affiner. Sincèrement, trois mois plus tôt, je me serais laissé séduire. Pas maintenant. Juste avant l'Euro avec les Bleus, j'ai envie de tenter le grand saut. Pour mon dernier match, contre les Corses, je donne tout ce que j'ai. A la fin de la rencontre, des supporters s'invitent sur la pelouse. Ils me portent en triomphe et me promènent sur leurs épaules pour un vibrant tour d'honneur. Je suis ému aux larmes. Triste de quitter le PSG mais heureux et fier d'avoir écrit, en une saison à peine, une page de l'histoire du club.

YANNICK NOAH

« Ma première rencontre avec Youri remonte à sa saison au Paris Saint-Germain, en 1996. Je me souviens d'un dîner au restaurant avec Daniel Bravo et son oncle photographe, Rajak. Paris l'avait emporté contre Lens au Parc des Princes. Luis Fernandez était sur la sellette et l'équipe tiraillée ; cette courte victoire leur procurait un bol d'air. Nous avons parlé de la situation au PSG avant de refaire le monde jusqu'à trois heures du matin. En se quittant au cœur de la nuit, Youri m'a glissé en plaisantant : " Yannick, il faut que tu viennes donner un coup de main à l'équipe ! "

Quelques semaines plus tard, j'ai effectivement débarqué au chevet de Paris, dans la perspective de la finale de la Coupe des coupes. Youri et Daniel ont encouragé cette initiative. Le mal n'était pas profond, une bonne thérapie suffisait, alors j'ai accepté la proposition. J'ai rejoint les joueurs en stage de thalassothérapie à Hendaye, au soir du troisième jour de préparation. La tempête médiatique était intense. Dans la presse, on considérait les Parisiens comme des enfants gâtés, inaptes à mouiller le maillot. Le lendemain matin, avant de pénétrer dans la salle du petit déjeuner, j'observe la troupe se servir parmi la pile de journaux et feuilleter les articles, violents, qui leur sont consacrés. Quel intérêt d'être moralement atteints alors qu'ils attaquaient la journée d'humeur joyeuse ? J'ai donc supprimé la lecture des quotidiens !

J'ai récupéré un groupe ébranlé, presque traumatisé. Les solutions pour le reconstruire étaient simples. J'ai par exemple organisé une sortie en ville un soir, sans encadrement, juste entre nous. L'ambiance à Saint-Sébastien, de l'autre côté de la frontière, a été plus que joyeuse. Youri a activement participé à tout cela. Mais il était à part. Il n'exprime jamais ses doutes. Quand je l'interrogeais, il me répondait : " Tout va bien, je ne me suis même jamais senti aussi bien ! " C'est agréable, quand tant de joueurs sont torturés. Frustrant aussi, parfois, car Youri ne s'épanche pas sur ses faiblesses. Il réserve cela à sa famille, et encore. A chaque discussion transparaissait également sa passion pure pour le foot, l'amour sincère de son métier. Je décelais encore sa curiosité, sa soif de vivre des choses extérieures à l'univers du ballon. S'il est à fond dans le foot, il n'a pas oublié de regarder ailleurs.

La victoire du PSG en finale a suffi à mon bonheur. J'étais fier d'avoir participé à cette aventure, fier d'avoir passé cette semaine magique auprès d'eux. Rester dans les coulisses me comblait, il n'était nullement dans mes intentions d'aller chercher de la lumière à travers leur succès. Les garçons, Youri en tête, m'ont presque poussé pour que je monte sur le podium. Mais je garde surtout en mémoire les témoignages, les sourires et les petits mots de Youri comme ceux de Daniel Bravo, José Cobos, Pascal Nouma ou Patrick Colleter. C'est de ça que je me nourris. »

6

L'Inter, le club des insolents sympathiques

— Monsieur Djorkaeff, je ne discute pas le fait que votre fils soit un excellent joueur. Mais, dans le cas qui nous occupe, ou il est fou, ou c'est un dieu. Le Barça ne se refuse pas.

— Peut-être, mais tel est le choix de mon fils, aussi flatté qu'il ait été par votre proposition.

Joan Gaspart est contrarié. Le vice-président du club catalan, surtout, n'en revient pas. « Socio » (membre officiel des supporters) depuis plus de quarante ans, il a cette équipe dans la peau. En 1992, quand les Blaugrana ont remporté la Coupe d'Europe à Wembley contre la Sampdoria Gênes, il n'a pas hésité à sauter dans la Tamise pour fêter l'événement. Sa passion est contagieuse. Il accédera d'ailleurs au poste de président en 2000.

Cette dévotion n'influence pas mon jugement. Dans mon esprit, les choses sont limpides. Je dis finalement non à Barcelone. Mon père et Denis sont allés l'exprimer de vive voix à Gaspart. Je représente pourtant la priorité de l'entraîneur mythique de l'équipe, Johan Cruyff. Le Hollandais est l'idole de ma jeunesse. Sa grâce, son style, son charisme, son talent :

j'aime tout chez lui. Pour la saison prochaine, il envisage un trident offensif de premier ordre. Ce n'est pour l'heure qu'un rêve, mais il a de l'allure. Impatient, il m'en confie la teneur : Ronaldo en pointe, Zidane et moi en retrait pour le servir. Forcément séduisant. J'ai envie de travailler avec Cruyff. Mais il a l'honnêteté de m'avertir : il n'est pas sûr de rester en poste. Il sent son président proche de la rupture.

Cruyff entraîneur, j'aurais opté pour le Barça. L'avenir restant flou, il me paraît plus sage de décliner. « C'est la première fois qu'un joueur refuse une offre de Barcelone, indique Gaspart. Si vous changez d'avis, vous serez toujours le bienvenu. » Je ne suis ni fou ni un dieu. Mais je sais ce que je veux. D'autres clubs espagnols se manifestent. Séville fait le forcing, Valence me propose un salaire six fois supérieur à celui que je perçois au Paris Saint-Germain. Je rencontre le président, Francisco Roig, qui a fait fortune dans l'édition. Il me présente la maquette du futur stade. Il est charmeur et ambitieux. Cependant, après mûres réflexions, je choisis un autre défi. L'Inter Milan. A la différence de Barcelone, le club se reconstruit. Son palmarès n'est pas à la hauteur de son prestige. Je raisonne en termes d'objectif sportif et non financier. En Italie, le challenge me correspond davantage. Et puis l'Inter a été fondé un 9 mars, le jour de ma naissance. Désormais, nous célébrerons nos anniversaires ensemble...

Le PSG n'a pas à se plaindre de la transaction. Le club m'a recruté un an plus tôt alors que j'étais libre. Il me cède pour plus de cinq millions d'euros. Au passage, à l'Inter, je double mon salaire. Le Calcio m'attire. J'ai joué cinq ans à Monaco et, d'un coup de voiture, il m'arrivait d'assister à des rencontres de l'autre côté de la frontière. Jürgen Klinsmann, sélectionneur de l'équipe d'Allemagne et qui a été mon partenaire dans la principauté, m'a invité à applaudir les derbys milanais. L'expérience ne m'avait pas laissé insensible. Dans ma tête, je tenais un jour à être là. Ce jour est arrivé. Milan, c'est d'abord la découverte d'un homme extraordinaire, Massimo Moratti, pour moi le président du siècle. « Je veux ce joueur dans mon équipe », avait-il affirmé à ses conseillers pendant la finale de la Coupe des coupes.

Moratti est devenu président-propriétaire de l'Inter en février 1995. Son père, Angelo, a écrit les lignes les plus éclatantes du livre d'or du club, quand pendant treize ans il était à sa tête. Milan a, au milieu des années 1960, remporté deux Coupes d'Europe des champions, deux Coupes intercontinentales et trois Scudetti consécutifs. L'équipe était entraînée par l'Argentin Helenio Herrera, l'inventeur du célèbre « catenaccio », le verrou, une tactique ultra-défensive. L'aîné des cinq Moratti entend poursuivre l'héritage d'Angelo. Patron d'un géant du secteur pétrolier, il est riche mais dénué d'arrogance, toujours aux aguets, souriant et philanthrope. Sa passion pour le club est indéfectible. Elle est empreinte de romantisme, presque désuète dans cet univers de loups.

Lors de notre premier dîner, le contrat n'est pas encore finalisé. Il ne tient pas à s'immiscer dans la discussion financière.

— Je ne parle jamais d'argent, me lance-t-il.

— Ça tombe bien, moi non plus.

Nous nous plaçons à l'écart de la négociation. Denis peaufine les derniers détails avec l'avocat de l'Inter tandis que je converse en toute insouciance avec Moratti. Une heure plus tard, l'avocat se dirige vers notre table. « Voilà, c'est fait. » Et c'est tout. J'ai pour principe de ne jamais débattre de mon salaire avec les présidents. C'est le boulot de Denis. Je ne m'en mêle pas, n'y assiste pas. Je suis footballeur. Avec les dirigeants, j'évoque le jeu, les ambitions, la Coupe d'Europe, la façon dont on va évoluer. Ça me paraît plus sain de me limiter à ces conversations.

En 1996, je ne suis pas l'unique Français à m'exiler en Italie. Zidane choisit la Juventus Turin, Daniel Bravo se pose à Parme, tout comme Lilian Thuram, tandis que Christophe Dugarry préfère le Milan AC. A l'Inter s'apprête également à sévir un autre compatriote, Jocelyn Angloma, en provenance du Torino. Milan me fait songer à Lyon, avec laquelle elle est d'ailleurs jumelée. C'est une métropole élégante, internationale, un haut lieu de la mode. On y trouve des commerces à profusion, une concentration des activités. Ne manquent plus, en fait, que le Rhône et la Saône. Je retrouve en Lombardie une cousine, qui exerce dans la mode.

Si la plupart des « Noir et Bleu » s'établissent au calme dans une villa au bord du lac de Côme, dans un décor paradisiaque, je ne m'y résous pas. Je suis un pur citadin. J'aime affronter le réel, déambuler dans les villes pour observer les gens, sortir de la

« bulle football ». Je suis capable de rester des heures en terrasse à regarder la foule. J'ai besoin de sentir battre et respirer le cœur de la cité. Pour mieux m'imprégner de l'atmosphère de Milan et de son authenticité, pour mieux maîtriser la langue aussi – même si cinq ans à Monaco m'ont plus que fourni les rudiments –, je m'installe dans la vieille ville.

Lors des premiers pas, notoriété oblige, je suis guetté comme une bête curieuse. Puis les barrières s'estompent, j'appartiens alors à la vie locale. On ne m'abreuve plus de questions à l'heure de l'espresso dégusté au comptoir. J'ai le bonheur d'entendre en toute quiétude le bruit ronronnant du percolateur. Je campe sur la piazza San Alessandro. Le décor est agréable : une cathédrale, des trattorias où il est possible de se régaler pour quelques lires, des cafés typiques, un marchand de glaces, l'université en face. Sous ma fenêtre s'agite un monde coloré et festif, que je ne me lasse pas de contempler.

Depuis le lac de Côme, chaque déplacement ressemblerait à une expédition, manquerait de spontanéité. Là, nul besoin de réserver pour aller au restaurant ou au cinéma. J'abandonne la voiture au garage, je me laisse guider par mes intuitions, mes envies, mes pas. Je ne supporterais pas de vivre en marge, de rester cloîtré à la maison pour fuir les regards. Certes, je m'expose plus mais sans le sentiment de subir une pression. Il y a toujours quelqu'un, un lendemain de défaite, pour remuer les souvenirs mais l'agressivité est absente. Certains, parfois, patientent après un match avec le concierge en attendant que je rentre, afin de me féliciter ou obtenir un autographe.

Je suis dans mon élément. Je profite de la ville et de mon quartier au maximum. Un membre du club qui dispose d'une loge à l'année à la Scala (berceau de l'art lyrique italien) m'y invite avec Sophie. Je fréquente également les musées. C'est une autre façon de découvrir la ville, moins accueillante que Rome ou Florence, mais qui mérite qu'on s'y attarde. Et puis, défilés de mode, foire du mobilier ou que sais-je encore, il y a toujours quelque chose à faire à Milan. C'est aussi là que réside le pouvoir économique. Et les Italiens du Nord sont particulièrement éduqués. La Lombardie est peuplée de grandes lignées familiales où l'on a appris le français. Quant au foot, l'Inter et le Milan sont, avec la Juventus Turin, les équipes les plus puissantes du pays.

Je prends conscience du rayonnement du club à la réception de mon programme d'avant championnat. L'Inter démarre sa préparation à Old Trafford contre Manchester United, puis se mesure à Barcelone et Middlesbrough. Sacrés matches amicaux. La *Serie A* n'a pas encore démarré. Pourtant, chacune de nos parties est retransmise en direct, disséquée, analysée. Et, déjà, les médias s'interrogent : « *Hodgson est-il l'entraîneur de la situation ?* », « *Faut-il encore recruter ?* » Je pénètre dans un monde inconnu, surdimensionné. Je suis fasciné. Le football, en Italie, est une religion. On pense et parle « calcio » matin, midi et soir. De *Il Corriere della Sera* à la *Gazzetta dello Sport* en passant par *Guerin Sportivo* (qui écrira à mon sujet

« *Le Français est un soliste qui sait chanter en chœur* »), des pages entières sont consacrées chaque jour au ballon. Mais les journaux peuvent se montrer extrêmement sévères à l'égard des joueurs. Ils sont excessifs, dans les deux sens.

La presse est importante en Italie, elle est énormément lue. Au début, j'épluche tout, l'Inter nous fournissant une sélection exhaustive d'articles. Puis ces commentaires lancinants sur tout et rien me pèsent. J'y dépense trop d'énergie, cela entame mon influx. Et puis, il faut surveiller chaque déclaration. Certaines phrases, sorties de leur contexte et nourrissant les gros titres, créent des polémiques sans fin. Je me suis fait piéger, comme tout le monde, avant d'apprendre à moduler et modérer mon discours. Depuis, je ne lis plus guère les journaux traitant du football. Au sortir d'un match, je sais pertinemment quel a été le niveau de ma prestation. Je n'ai pas besoin de vérifier dans la presse. Les médias italiens, ayant du mal à prononcer Djorkaeff, me donnent un autre surnom, « DJ ». A prononcer à l'anglaise, façon disc-jockey. Pour eux, je donne le ton de l'équipe, je suis aux manettes et fais danser l'équipe selon mes changements de rythme.

Les infrastructures italiennes donnent envie de s'entraîner. Le centre sportif Angelo-Moratti, à Appiano Gentile, situé à quarante kilomètres de Milan, est un modèle du genre. Ouvert en 1961, il bénéficie d'un confort extrême et de toutes sortes de facilités. On y compte quatre terrains d'entraînement, un autre couvert pour l'hiver, des vestiaires immenses, une salle de musculation et un restaurant pour les joueurs – très bon. Après chaque séance, je déjeune sur place. Le cuisinier prépare la pasta pour l'équipe. Le centre est équipé de chambres individuelles à l'année. J'ai la télévision avec le satellite, j'apporte des livres, quelques objets fétiches. Je personnalise l'endroit. C'est une nécessité car, en Italie, les mises au vert ont lieu avant et après les rencontres. Si bien que, ayant disputé la Coupe de l'UEFA le mercredi les deux premières saisons, il n'est pas rare que je sois à Appiano Gentile la totalité de la semaine. Et comme nous atteignons la finale de cette compétition deux fois de suite... Ainsi, sans une résidence en centre-ville, je n'aurais pas connu Milan.

Le seul souci des joueurs est de ne penser qu'au foot. Le club s'occupe du reste. Il s'agit d'une démarche intelligente. Le joueur représente un investissement. Pour que son art s'exprime au mieux et soit rentable, il doit être dégagé de toute contingence. Les excuses du style « les terrains sont durs », « j'ai un problème de voiture » ou « j'ai eu du mal à trouver une école pour mon fils » ne sont plus valables car l'Inter intervient en amont. En échange, l'exigence est élevée.

Le public attend aussi beaucoup de nous. Leur ferveur est confondante. J'en saisis la portée dès le premier entraînement. Nous sommes en stage dans la vallée d'Aoste. Autour de la pelouse, des centaines de supporters venus camper dans la montagne nous encouragent. A chaque tour de terrain, les joueurs sont applaudis. Passer cent fois devant eux ne les épuise pas : les tifosi ne baissent jamais la garde et continuent les bravos. L'entraînement devant 4 000 personnes, la musculation intense, des préparations très poussées, des mises au vert à satiété, des matches amicaux tous les trois jours, une responsabilisation des joueurs exacerbée : en somme, à Milan, je découvre un métier, celui de joueur de football.

Dans un tel décorum, impossible de ne pas être transcendé. Je le suis. Le président Moratti me donne une énergie folle. Il manie le français à la perfection. Dès mon arrivée, il me couvre de cadeaux. « Voilà un collier pour ta femme. Et donne cela à tes parents. » Il me gâte, me chouchoute. Pour la simple joie d'offrir et de faire plaisir. Avec Moratti, nous nous reconnaissons d'emblée. Il ne s'écoule pas une semaine sans que je ne passe à son bureau, en ville, pas loin de la maison. Nous partageons un café, nous discutons. Il fait patienter ses rendez-vous tant que nous n'avons pas terminé. Il prend conscience de mon amour pour l'Inter, de ma volonté de m'investir dans ce club. Son club. Nous n'évoquons jamais les questions tactiques, pour ne pas parasiter l'entraîneur. Mais, souvent, il me demande : « Tiens, Youri, est-ce que tu connais ce joueur qui évolue en France ? » Il maîtrise le football sur le bout des doigts. Le soir, il visionne des matches du monde entier. Encore et toujours du foot.

Lorsque je marque mon premier but en championnat, un dimanche après-midi, je lui rends naturellement visite le lendemain. Moratti contemple la belle boîte qui barre mes bras.

— Qu'est-ce que c'est, Youri ?

— Tenez, pour vous. Mon cadeau de bienvenue !

Et je la lui tends. Il est ému : c'est la première fois, me dit-il, qu'un joueur lui offre un présent. A l'intérieur, une bouteille de Petrus. Un grand cru. Comme lui. Moratti est d'une fidélité exemplaire. Il m'invite au mariage de son aîné, passe avec son épouse saluer Sophie à la maternité de Milan après les naissances de mes deux garçons. Dans le courant de ma première saison, je suis victime d'un coup de pompe, tant la préparation à l'italienne est éprouvante. Il rebondit instantanément.

— Pars te reposer une semaine, Youri. Va en vacances, va. Voici les clés de ma maison à Saint-Moritz.

— Non merci, je préfère jouer.

— J'insiste Youri, j'insiste. Tu as besoin de te ressourcer.

— Mais l'Inter, président.

— Laisse, je m'en occupe.

Aujourd'hui encore, le contact n'est pas rompu. Chaque année, le 9 mars, je reçois un cadeau du club. Récemment, sa fille, comédienne, a joué dans une pièce à New York. Il est venu en jet privé l'applaudir et en a profité pour m'appeler et bavarder.

Je suis fier d'avoir participé au début de l'ère Moratti. L'équipe, alors, est quelque peu brinquebalante. Elle compte huit joueurs étrangers. Il s'agit des premiers effets de l'arrêt Bosman. Ordonné par la Cour de justice des communautés européennes, il rompt avec le quota de nationalités, assimilant désormais le footballeur à un travailleur ordinaire, libre de circuler entre les Etats membres. La présence d'un entraîneur madré est nécessaire pour manager cet ensemble hétéroclite. Ce sera l'Anglais Roy Hodgson, qui a beaucoup bourlingué, de clubs en sélections nationales. Etre entraîneur à l'Inter nécessite une carapace solide car la moindre contre-performance prend vite des proportions démesurées et alimente la controverse. Hodgson accomplit un travail sérieux.

J'étends mon emprise sur l'équipe. J'exécute les corners des deux côtés, je tire les coups francs et les penalties. Je marque quatorze buts, pas mal pour une première saison, d'autant que je suis positionné derrière les attaquants. Mais notre parcours en championnat me froisse. Nous échouons sur la troisième marche du podium. L'Europe nous sied mieux. L'Inter atteint la finale de la Coupe de l'UEFA. Face à nous, les Allemands de Schalke 04. Un court revers à l'aller entretient l'espoir. A San Siro, devant 80 000 spectateurs, nous l'emportons 1-0. Les prolongations ne changent rien. Place aux tirs au but. J'inscris le mien mais le Hollandais Aron Winter échoue dans son duel avec Jens Lehmann. Le trophée nous échappe. Le lendemain, après une courte nuit passée à ruminer son duel, Winter pousse un cri de stupeur en ouvrant ses volets. Sa Ferrari a disparu. Des supporters, pour lui faire payer son raté, se sont fait un plaisir d'embarquer le bolide dans un camion. Une prouesse car la voiture était équipée d'un système de sécurité réputé infaillible et d'un suivi satellite. Ainsi va la vie à l'Inter...

Pour parvenir jusqu'en finale, clin d'œil du destin, Milan évince Guingamp au premier tour, Monaco en demies. Contre les Bretons, je marque sur penalty. A l'occasion de cette rencontre, je touche du doigt le décalage entre la France et l'Italie en matière de football. L'En Avant nous malmène la première demi-heure. Un score de 4-0 ne serait pas usurpé. Mais ils ne croient pas suffisamment en eux. L'Inter résiste et marque en contre, à l'italienne. Milan a la culture de la gagne et prépare tous ses matches avec la même abnégation. Nous sommes programmés pour vaincre.

La saison suivante, l'UEFA nous met de nouveau aux prises avec des clubs français. Lyon, au premier tour, Strasbourg en huitièmes. Au vu de leurs prestations, ces deux équipes doivent nous éliminer. L'OL de Bernard Lacombe, constitué pour la plupart de jeunes formés dans le Rhône, l'emporte à San Siro. A Gerland, nous leur infligeons une leçon de réalisme. Strasbourg, mon ancienne équipe, nous bat 2-0 à la Meinau mais nous faisons la différence à la maison. En quarts, nous nous vengeons en éliminant Schalke 04, qui nous a soufflé le titre l'an passé. Cette fois, l'Inter va au bout de la compétition. La finale se dispute au Parc des Princes. La Lazio Rome est balayée 3-0. Avec Benoît Cauet, l'autre Français de l'Inter, lui aussi un ancien du PSG, je suis aux anges. J'empoche ma seconde Coupe d'Europe en trois ans. Moratti remporte son premier trophée. Comme nous sommes à Paris, chez moi, j'organise la fête de l'après-match. Elle est somptueuse, fastueuse et s'achève au petit matin par une tournée des boîtes de nuit sur les Champs-Elysées.

⁂

Moratti a démissionné en janvier 2004, remplacé par Giacinto Facchetti, 70 fois capitaine de l'équipe nationale en 94 sélections. Clin d'œil du destin, on y revient toujours : en 1971, l'élégant Facchetti a joué avec mon père à Moscou, à l'occasion d'un match entre le Dynamo et le reste du monde organisé en l'honneur du grand gardien Lev Yachine. Il était à droite de la défense et mon père occupait l'autre flanc ! En neuf ans à la tête de Milan, dont il demeure propriétaire, Moratti a dépensé près de six cents millions d'euros, consumant onze entraîneurs et se portant acquéreur de plus d'une centaine de joueurs, de Zanetti à Adriano en passant par Recoba, Seedorf, Vieri, Cannavaro, Crespo ou Laurent Blanc. Les chiffres donnent le tournis. Avec de tels investissements, Moratti, qui continue de financer le club avec ses propres deniers, a sauvé le football italien de la débâcle. Il lui a permis d'exister, facilitant les flux de joueurs, libérant le marché. Si demain, lassé que le club soit toujours à la traîne de la Juventus et du Milan AC, il se désengage de l'Inter, le championnat s'effondre. Par ses achats multiples, il évite l'asphyxie du Calcio et maintient, peut-être de manière artificielle, le niveau des clubs.

Humainement, il se montre envers chaque joueur d'une tendresse débordante. Il a de la classe, indéniablement. Certains décideurs l'ont approché en lui suggérant de se porter candidat à la Mairie de Milan, où il aurait de fortes chances d'être élu. Il a été flatté. A réfléchi. A hésité. M'a sondé. Je l'ai encouragé à se présenter. Mais il a refusé, notamment parce que cela impliquait d'abandonner l'Inter. Régulièrement, Moratti sollicite mon avis. Cela a été le cas quand il s'est agi de recruter Ronaldo. En 1997, « Il Fenomeno » n'a que vingt et un ans, déjà un palmarès épais, dont une Coupe du monde et un Ballon d'Or, sans oublier un talent monstrueux. Un matin, Moratti déboule à l'entraînement.

— Youri, je peux te parler ?

Les autres joueurs poursuivent les étirements tandis qu'on bavarde, en marchant le long du terrain, s'éloignant du groupe.

— Voilà, j'ai la possibilité de faire venir Ronaldo. C'est un lourd investissement. Mais Barcelone, où il vient de remporter la Coupe des coupes en marquant le but de la finale contre le PSG, est prêt à le céder. L'affaire peut se faire. Ça me tente bien.

— C'est super, président. Génial, même.

— Sans doute. Avant de l'acheter, je voulais ton avis. Tu n'es à l'Inter que depuis un an mais la figure du club, la star, c'est toi. Je ne voudrais pas que tu vives mal l'éventuelle arrivée de Ronaldo. Qu'il te fasse de l'ombre et que ça te vexe.

— Vous plaisantez, président. Ronaldo est un joueur fabuleux. Et puis ce serait un coup de pub formidable. En signant ici, la notoriété du club grimperait vertigineusement, nos matches seraient diffusés dans le monde entier. Son arrivée provoquerait des ventes de maillots en masse. Une aubaine d'un point de vue médiatique et marketing. Pas question de la laisser passer. Quel serait le prix du transfert ?

— Un peu au-dessus de vingt millions d'euros.

— A ce prix, prenez-le tout de suite. Demain, un joueur de sa trempe vaudra le double, voire le triple.

— Tu crois ?

— Evidemment.

C'est moi qui insiste afin qu'il casse sa tirelire pour l'attaquant. Je lui vends Ronaldo ! Les autres joueurs nous observent de loin en train de discuter. Ils n'ont pas dû comprendre. La sollicitude de Moratti me touche. Sa démarche prévenante est à l'image du personnage. Il se fait du souci pour moi. Mais le talent s'additionne, il ne se soustrait pas.

— Puis-je te demander autre chose, Youri ?

— Oui, je vous écoute.

— Si le transfert se conclut, j'aimerais, compte tenu de ton tempérament, que tu t'occupes de Ronaldo. Que tu facilites son intégration. Il est jeune. Cela va être dur pour lui. Si tu acceptes de le guider dans ses premiers pas en Italie, je serai plus en confiance.

— Avec joie.

Ronaldo et moi. L'histoire est belle. Nous sommes immédiatement devenus amis. Malgré son statut, ses managers, ses frères et ses gardes du corps qui le suivent en permanence, il se laisse chaperonner. Avec le groupe aussi, il se montre d'une correction exemplaire. Un garçon poli, souriant et respectueux. Sa mentalité est irréprochable. Sa joie de vivre, sa fraîcheur sont des ravissements. En dépit des honneurs et des titres, il n'est pas blasé. Il gagne des millions mais aime sincèrement le foot, le jeu. La pression n'a pas de prise sur lui. Ronaldo aborde la vie avec légèreté. Cela rassure sur l'état du milieu, qui cultive plus le désenchantement que la félicité.

A l'entraînement, le voir avec un ballon constitue un grand moment de plaisir. Je l'ai vu accomplir des gestes uniques. Sur le terrain, notre complicité rejaillit avec ferveur. Des passes décisives, je lui en donne à profusion. Je suis pour quelque chose dans son titre de meilleur buteur du championnat, remporté alors que les défenseurs le collaient comme une sangsue. Il était au-dessus de la mêlée. Notre duo est, d'après une consultation des entraîneurs italiens, le plus efficace du Calcio, donc du monde. A Milan, il marque une vingtaine de buts par saison. Cela ne nuit pas à mon rendement : je tourne à une dizaine de réalisations, dont certaines grâce à lui. Je me souviens encore de son vibrant « J'ai besoin de Youri, je suis meilleur lorsqu'il est là », lancé à la presse alors que j'étais suspendu pour un match contre le Milan AC.

Bien sûr, en novembre 1999, Ronaldo se bloque le pied droit dans un trou de la pelouse de San Siro, provoquant une rupture partielle du tendon rotulien du genou. Mais il reste un joueur hors norme, dans un milieu où déjà les schémas ne sont guère classiques. Ronnie, c'est vraiment une autre planète. Sur le terrain, il fonce. Il est au-dessus de tout ce qui peut et de tout ce qui pourra se faire. Des stars brésiliennes actuelles, Ronaldo, avant sa blessure, était largement le meilleur. Au Real Madrid, il flambe encore, surtout quand Zizou l'alimente. J'ai la chance d'avoir côtoyé un joueur unique, même si sa double opération a forcément diminué sa vitesse. Je perçois désormais davantage d'appréhension dans ses démarrages, ses accélérations. Mais il reste un génie du jeu, technique, rusé, explosif.

A l'Inter, l'état d'esprit est exceptionnel. Débridé, aussi. Les séances sérieuses se transforment en fous rires. Si l'entraîneur réclame vingt minutes de course ou des séries de dix fois deux cents mètres, puis des exercices tactiques, nous nous rebellons gentiment : « Allez, coach, ça va. On veut jouer, nous. » Et celui-ci d'accepter de nous laisser taper dans le ballon. Il n'a pas d'autre choix. L'Inter est le club des insolents. Une confrérie à part. Nous sommes irrévérencieux dans le bon sens du terme. Par exemple, un matin, j'arrive avec mon labrador. Il se précipite sur le terrain et prend le ballon. Eclats de rire général. Une heure durant, il nous poursuit sur la pelouse, embraye le pas de celui qui a le ballon. Un peu plus et il nous arrachait notre short ! Le lendemain, à Appiano Gentile, un enclos pour chiens a été installé. Le jour d'après, à l'entraînement, je compte sept chiens. Tous les joueurs sont venus avec le leur. Sans oublier la gamelle de viande. Cette fois, aucun animal n'a envahi le terrain...

Tout me plaît dans ce club : son nom, Football Club Internazionale Milano, qui traduit son ouverture vers l'étranger, les maillots noir, or et bleu, l'ambiance délirante. Les supporters adhèrent à cette philosophie. Ils nous respectent pour cela. S'ils nous voient déambuler en Ferrari flambant neuve, plutôt que d'essayer de rayer la carrosserie, le fan clame haut et fort : « Regarde, mon idole roule en Ferrari. Je suis content pour lui, il le mérite. »

Ils aiment notre originalité. Chaque équipier, en effet, a un grain de folie et d'extravagance, qu'il cultive sciemment. Avoir du caractère n'est pas un défaut, au contraire. Le Chilien Iván Zamorano, surnommé à juste titre « Ivan le Terrible », attaquant au jeu de tête aiguisé, n'arrête pas de rigoler et de chambrer. Il est d'une politesse exquise tout en étant capable de blagues de potache. Un gosse. Une année, le club a refusé de lui octroyer le numéro 9 pour lui imposer le 10. Nous avons vu fleurir, au dos de son maillot, sous son nom : 1 + 9. Il aurait dû déposer la marque !

C'est à l'Inter que j'inscris l'un de mes buts les plus somptueux. Le 5 janvier 1997, à San Siro contre la Roma, un tir de Ganz est repoussé par le gardien. Je recule, contrôle le ballon et m'élève très haut dans le ciel. Je suis à l'horizontale, légèrement excentré. Ciseau retourné. Pleine lucarne. Un chef-d'œuvre ! Le stade exulte, l'arbitre me félicite. Entre le moment où je marque et celui où la Roma engage, trois minutes s'écoulent. Trois minutes où le public applaudit à tout rompre, empêchant le jeu de reprendre. Il me semble que l'enceinte va s'écrouler.

A la fin de la partie, l'arbitre souhaite obtenir mon maillot. Je préfère le garder. Le président Moratti reste béat d'admiration. Il souhaite ériger à l'entrée du stade une statue en bronze me représentant en train d'effectuer le ciseau retourné. Mais l'enceinte ne lui appartient pas. La ville met son veto. Cependant, un artiste italien, amoureux de ce but, réalise un tableau à partir de ma posture acrobatique. Il l'envoie au club, qui me l'offre. Fierté supplémentaire : toute la saison suivante, l'envers de la carte d'abonnement, que les tifosi doivent montrer à l'entrée du stade, représente mon ciseau. C'est la première fois qu'un joueur du club a les honneurs de ce précieux sésame.

L'Inter, c'est aussi la rencontre avec Nicola Berti, d'un an mon aîné. Un joueur de classe, une figure milanaise, par ailleurs finaliste du Mondial 1994 avec la Squadra Azzurra face au Brésil. Nicola, c'est mon frère. Il s'exprime dans un français parfait. Dans la vie, c'est un phénomène. Le genre de type qui débarque à l'entraînement en fumant le cigare. Il incarne la déraison de cet Inter-là. Nous sommes presque voisins. Un jour, ce joyeux célibataire m'invite à boire un verre. « Viens donc, Youri, des amis doivent passer. Ça me fera plaisir. » J'obtempère et découvre dans son salon tout le bottin mondain. Max Biaggi, le pilote moto, des acteurs italiens de renom mais aussi Leonardo di Caprio. C'est simple : Berti connaît la terre entière. Plus tard, à Londres, je croise une personne qui me raconte sa dernière soirée chez Nicola. « C'était épatant. Il y avait Madonna et Sting. Un pur moment de rock'n roll. » Berti aime recevoir, sans distinguer anonymes et célébrités. Cela fait son charme. Il a tout compris. Aujourd'hui, il partage son existence entre l'Italie et les Caraïbes.

Nous sommes tous deux bouleversés par l'enthousiasme de San Siro, ce stade à l'anglaise, avec tellement peu d'espace entre les joueurs et le public que nous entendons le battement de cœur des supporters et leur souffle rauque. San Siro, en fait le nom d'une petite église milanaise, est baptisé depuis 1980 Giuseppe-Meazza, mais nous continuons de l'appeler par son nom originel. Quand ma mère s'installe pour la première fois dans les tribunes, parmi les 83 000 spectateurs, dont plus de la moitié sont abonnés à l'année, elle se rend compte de ce que représente le football dans ce pays. Les hommes se rendent au stade en costume, les femmes en robe, apprêtées et maquillées. On se croirait à un défilé de mode. Le soir de mon premier match, je ne parviens pas à trouver le sommeil car les chants des tifosi résonnent en boucle dans mes tympans. J'espère que cela ne se reproduira pas à chaque partie, sinon, comment vais-je pouvoir récupérer ?

Je suis moi aussi un supporter dans l'âme. C'est beau, un supporter qui chante et encourage son équipe. J'aurais été capable de braver les tempêtes et de parcourir des kilomètres, l'écharpe de mes couleurs autour du cou, pour acclamer une action, m'enthousiasmer pour un but. Je veille à entretenir la relation la plus saine possible avec le public. Je ne refuse jamais un autographe ou une photo. Ces quelques instants procurent tellement de joie. Parfois, certains m'abordent en tremblant, les jambes flageolantes. Je m'efforce de les détendre par un sourire, de les mettre à l'aise, de les prendre par l'épaule. Pour une seconde, le garçon peut être marqué à vie.

A Milan, pour rendre à nos supporters l'hommage qu'ils méritent, je suis allé leur rendre visite. Une expérience forte. L'Inter affronte la Juventus Turin en Coupe d'Italie. Je suis suspendu. J'avais prévenu le chef des ultras que j'aimerais un jour suivre une rencontre parmi eux, derrière les buts. Il a tergiversé car cet univers est clos. Il valide néanmoins mon initiative.

— Si ça tient toujours, tu seras avec nous dimanche. Ça te va ?

— Oui, mille fois oui.

— Rendez-vous dans le parking du stade une demi-heure avant le coup d'envoi.

Je m'enfonce dans le sous-sol à l'heure dite. Quatre paires de bras musclés m'accueillent. Ils m'enfoncent un bonnet de l'Inter jusqu'au lobe de l'oreille, afin qu'on ne me reconnaisse pas.

« Maintenant, suis-nous et marche tête baissée. Et surtout, silence. »

Nous longeons le stade, l'abordant par l'arrière. Nous atteignons le deuxième des trois anneaux en gravissant les marches, avant d'en redescendre quelques-unes. Je fixe toujours le sol. Je n'ose jeter un regard au toit en fibre de verre. Ça y est, je suis dans la *curva nord.* Au milieu de 4 000 supporters. Que des fous. Les plus sauvages de l'Inter. Le spectacle n'est pas sur la pelouse mais au sein de cette faune. La vision n'est évidemment pas la même qu'en tribune officielle. Je les observe. Leur mode de fonctionnement est très hiérarchisé, l'organisation implacable. Qu'il s'agisse des encouragements ou des chants sur tel ou tel joueur, rien n'est laissé au hasard. Il s'agit d'une ville dans la ville, avec son code d'honneur, ses traditions. Un monde à part.

Tandis que je m'apprête à rejoindre le chef des ultras, l'un des supporters croit m'avoir reconnu. Il fait un geste pour me toucher et me dévisager. Il est coupé en plein vol par l'un des bras droits du chef, qui lui envoie une tarte en posant son index sur sa bouche. « Chut ! »

Le « kapo » me réserve un accueil chaleureux. J'assiste à la rencontre à ses côtés. J'ai un pied dans les tribunes, l'autre dans le vide, au-delà de la rambarde. Je sens la foule vibrer autour de moi. Je n'ai pas peur. Je suis suffisamment instinctif pour anticiper le moindre mouvement suspect. Et puis, je suis sévèrement encadré. Le boucan est infernal. Pour des raisons de sécurité, je suis là incognito. Mais je suis repéré. A la mi-temps, des photographes obtiennent le scoop et me mitraillent. Après la rencontre, les ultras me raccompagnent à ma voiture. Et me remercient. « Peu de joueurs ont eu le courage d'aller au bout de leur idée, de se mêler à nous. Ce n'étaient pas des paroles en l'air, ni le désir de t'offrir un coup de pub. Tu as tenu ta promesse, bravo. » Je suis flatté.

Le lendemain, je prends le café avec le président Moratti. Il me félicite mais s'inquiète de mon imprudence. « Il faut faire attention, on ne sait jamais », me dit-il, comme un père parlerait à son fils.

Durant ma période milanaise, j'ai été très peu blessé. Je soigne mon corps, je le connais par cœur.

C'est mon outil de travail. Et puis je récupère vite. Mes muscles sont bons. J'ai la chance de pouvoir manger autant que je le souhaite et de façon variée : je ne grossis pas. Le métier de footballeur incite à être vigilant quant à l'hygiène de vie. Bien sûr, comme tout le monde, j'ai entendu parler du dopage pour améliorer les performances. Je ne nie pas son existence mais je n'y ai jamais été directement confronté. Personne ne s'est rien injecté dans les veines devant moi. Si le petit verre de vitamines posé dans un coin du vestiaire et absorbé par les joueurs à la mi-temps est répandu, il ne s'agit pas là de dopage.

L'Italie est sur le banc des accusés en la matière, surtout depuis que Zdenek Zeman, entraîneur de la Roma, a demandé en 1998 au Calcio de « sortir des pharmacies ». J'ai suivi le procès de la Juventus, conclu en décembre dernier par la relaxe en appel par le tribunal de Turin des dirigeants du club. Le docteur de l'équipe et l'administrateur délégué étaient accusés d'avoir favorisé le recours à l'EPO et aux transfusions sanguines. Je suis aussi au courant de l'affaire de Parme. Un document vidéo anonyme montre un joueur se faire une injection la veille de la finale de l'UEFA contre Marseille, en 1999. Je ne suis pas naïf mais je ne sais pas quoi en penser. La première fois que je suis arrivé en Italie, j'ai vu un gobelet orange traîner. On aurait dit du Laroscorbine, un complément vitaminique utilisé principalement en cas de fatigue. Je demande au médecin de l'Inter de quoi il s'agit.

— De la vitamine C.

— Qui a fait la préparation ?

— Moi.

— Montrez-moi comment vous avez concocté cela.

Il déballe son attirail, puis me montre ce qu'il a mis dans le breuvage : de la vitamine C associée à une boisson énergétique, pour accélérer la récupération. Rien de plus. Piero Volpi, le médecin de l'Inter, est un ancien joueur. Il est sérieux et respecté dans le milieu. Il n'aurait pas toléré de dérapage.

Durant ma carrière, j'ai failli à plusieurs reprises signer à Marseille. En 2003, l'attaquant irlandais Tony Cascarino a révélé dans une chronique du *Times* avoir reçu une heure avant certains matches, du temps où il jouait à l'OM, entre 1994 et 1996, des piqûres dont il ignorait les substances. Est-ce la vérité ? Je suis perplexe. « Tout cela était licite. Il nous est même arrivé de faire des piqûres d'eau », a admis le médecin incriminé. Toutefois, lorsque des contacts ont été noués avec Marseille, beaucoup s'en sont inquiétés. « Attention Youri, méfie-toi, ne signe pas avec Bernard Tapie », m'ont-il garanti sans davantage de précisions.

BERNARD LAMA

« Youri est un grand gosse, qui vit sa passion intensément. Il est très joueur, il a gardé cette lueur d'espièglerie au fond des yeux, ce côté enfantin qui d'ordinaire disparaît à l'âge adulte. C'est aussi le fils prodige, fort bien entouré, au point qu'il n'a pas besoin du football pour exister. Il est dans son monde, enchanteur. Quelque part, il se suffit à lui-même, si bien qu'il peut parfois sembler ailleurs. Mais, sur le terrain, nous avons eu le meilleur de Youri. Au Paris Saint-Germain, il s'est immédiatement fondu dans ce groupe expérimenté et insensible à la pression, en dépit des départs de Weah, Ginola et Ricardo. Le PSG fonctionnait d'une certaine manière en autogestion.

Comme tout le monde, excepté Luis Fernandez, qui l'appelait Seznec (il faut quand même le faire !), je surnommais Youri le Snake. Pour son flair et son art de se faufiler partout afin de finaliser l'action, tout en impulsant à ses ballons des trajectoires étonnantes, flottantes. Sa cheville semble alors comme libérée de sa jambe. Elle oriente la balle où elle veut.

Si le groupe France a passé des heures à philosopher sur les sujets les plus hétéroclites autour d'un café ou d'un thé, j'ai peu échangé sur nos racines avec Youri. Je le faisais davantage avec Lilian Thuram ou Patrick Vieira. Dans les conversations, le ton montait parfois mais Youri s'efforçait toujours de trouver le mot juste. Il recherchait constamment la profondeur, s'obstinait au-delà des apparences.

Il y a aussi notre position sur le terrain. Nous sommes à l'opposé, ce qui paradoxalement nous rapproche. Le gardien et l'attaquant sont des hommes seuls. En cas de victoire ou de défaite, c'est toujours la faute de l'un ou de l'autre ! Nous étions au-dessus de ça, grâce à notre mental infaillible – qui a pu passer à tort pour une forme d'arrogance. Cela tient à notre filiation. Son père était capitaine de l'équipe de France, donc Youri a dû davantage faire ses preuves pour se forger un prénom. Quant à moi, mon père a été chirurgien et il dirige la mairie de Rémire-Montjoly, en Guyane, depuis trente-six ans ! Cela a dû développer chez nous des qualités mentales hors normes, indispensables pour s'imposer dans ce milieu hostile. »

7

Les deux soleils d'Aimé

Chez les Djorkaeff, le maillot bleu, nous le chérissons, nous le cajolons, nous le bichonnons. Il nous le rend bien. Une obsession : ne pas tricher avec lui. En endossant cette tunique, être de niveau moyen s'apparente à une faute de goût. Un écart en club peut passer inaperçu, pas en équipe de France. L'impact est plus fort, les répercussions plus conséquentes. Le gardien Lionel Letizi ne s'est jamais vraiment remis d'une erreur doublée de malchance en match amical à Moscou, dès la deuxième minute, avant le Mondial 1998. J'ai vu de très bons joueurs de club ne pas s'imposer en sélection. Les Bleus forment une espèce particulière, une caste à part. Pour franchir le cap, résister à l'enjeu et évoluer sans frein, détenir le niveau international est indispensable. Cela n'est pas donné à tout le monde. Surtout, il faut saisir sa chance d'entrée. Car elle ne passe pas toujours une seconde fois.

D'aussi loin que je me souvienne, j'ai toujours encouragé l'équipe de France. J'ai grandi dans cet amour-là. Et pas seulement parce que mon père en a été le capitaine. La Coupe du monde 1982, en Espagne, regorge de trésors enfouis dans ma mémoire de supporter. J'ai 14 ans. Juste avant la compétition, mon père achète l'un des premiers magnétoscopes. Nous nous repassons en boucle les matches enregistrés. Ah, la demi-finale de Séville contre la RFA et cette agression de Schumacher, le gardien, sur Patrick Battiston ! Et la France qui mène 3-1 dans les prolongations, avant de s'incliner à la fin d'une séance de tirs au but éprouvante.

C'est un véritable tournant dans l'histoire du football français. Une défaite qui, paradoxalement, se révèle utile pour le futur. D'abord en faisant comprendre que nous n'avons aucun complexe à entretenir. Ensuite parce que personne n'est prêt à revivre un tel traumatisme. Plus jamais ça, jure-t-on. L'Euro 1984 en France commence à inverser la tendance. Platini, le capitaine, inscrit neuf buts en cinq matches, dont un coup franc en finale contre l'Espagne. Mais je suis surtout marqué par la demie face au Portugal. Elle se déroule au Vélodrome, à Marseille, le 23 juin. Mon père nous y emmène, Denis et moi. Quand, alors que les prolongations sont presque terminées, Platini marque sur un déboulé de Jean Tigana côté droit, je deviens fou. Par mimétisme, pour être au plus proche des héros, je fonce vers le bas de la tribune. Quelle ambiance survoltée, quelle fête. Quelle équipe, aussi. Zidane, qui fête son douzième anniversaire ce jour-là, est également au stade !

Comme tout professionnel, mon ambition vise à être retenu un jour en équipe de France. A Monaco, mes performances éveillent l'attention. Gérard Houllier, ancien adjoint de Michel Platini auquel il a succédé à la tête de la sélection après un Euro 1992 décevant, m'a dans un coin de sa tête. Mon heure approche. Mon club reçoit d'ailleurs un fax de la Fédération française indiquant que je suis un prétendant. Arsène Wenger, mon entraîneur, m'apporte la confirmation officielle. Ça y est, je suis sur la liste ! Même s'il ne s'agit pas d'une très grande surprise, je suis heureux. Je préviens mes parents et mes frères. La nouvelle se répand, le téléphone sonne sans discontinuer. Le timing pour intégrer les Bleus me semble idéal. Le Mondial 1994 se rapproche. Pour se qualifier aux Etats-Unis, un seul point à domicile, contre Israël ou la Bulgarie, peut suffire.

Ce 13 octobre 1993, le Parc n'est pas rempli. Pelé donne le coup d'envoi sur une pelouse gorgée d'eau. Israël a tout de la proie facile, tant nous nous sommes promenés à Tel-Aviv (4-0) il y a huit mois. Harazi ouvre la marque avant que Franck Sauzée puis David Ginola ne rétablissent la situation. L'angoisse s'amorce à la 83e avec leur égalisation. Trois minutes plus tard, Houllier m'offre ma première sélection. Je remplace Ginola. J'ai l'occasion de marquer de la tête mais un défenseur me subtilise le ballon du bout du crampon. Pis : dans les arrêts de jeu, Atar offre la victoire aux visiteurs. Drôles de débuts. A l'époque, l'équipe de France n'est pas, c'est un euphémisme, le club de copains qu'il allait devenir. La rivalité entre joueurs de l'OM et du PSG est palpable. Monégasque, je ne dépends d'aucun clan. Et je ne m'en porte pas plus mal.

Ça part dans tous les sens. Ginola se marginalise, l'affaire VA-OM occupe insidieusement les esprits. Je suis le petit nouveau, content d'être là. Et je me retrouve à « Règlements de comptes à OK Corral ». J'observe sans prendre parti. Si nous avons échoué contre Israël, nous n'imaginons pas une seconde récidiver face à la Bulgarie. Le 17 novembre, dans un froid polaire, le Parc est comble. Cantona marque d'une reprise de volée tandis que Kostadinov égalise de la tête. Ce résultat néanmoins nous expédie au Mondial. D'ailleurs, à la mi-temps, la sono du Parc crache *L'Amérique* de Joe Dassin. Le champagne est au frais. Nous nous y voyons déjà.

La suite est connue : à la 69e, Ginola remplace Jean-Pierre Papin, notre capitaine. JPP est pour moi un modèle d'efficacité. Très maladroit à ses débuts, il est devenu, à force de travail et de persévérance, un buteur d'exception. Encore vingt-trois secondes au chrono. Gino, près du poteau de corner, effectue un long centre plutôt que de conserver le ballon. Les Bulgares le récupèrent, remontent le terrain à pas de géants. Leur contre-attaque flanc droit, rondement menée, est conclue par un tir puissant sous la barre d'Emil Kostadinov. La France est éliminée et Ginola crucifié publiquement, Houllier parlant de « crime contre l'équipe », ce qui est mal interprété. Une semaine plus tard, le sélectionneur démissionne. Il faut savoir une chose : normalement, c'est moi et non Ginola qui devais rentrer sur le terrain. Houllier m'avait dit : « Va t'échauffer. » Quelques minutes plus tard, il me rappelle et m'indique que je vais jouer. Puis se ravise. « Non, pas maintenant, pas tout de suite. Reste à côté. » Je continue mes mouvements près du banc. « Tu rentres dans cinq minutes, prépare-toi bien », me dit-il. Le public commence à scander le nom de Ginola, chouchou du Parc. « Bon, t'es prêt ? », insiste-t-il. Je trépigne : « Oui, je suis chaud bouillant. » David est assis, les supporters continuent de marteler son nom avec ferveur. Et là, Houllier tranche : « Bon, David, tu rentres. » Je me suis rassis et puis voilà.

Je n'ai pas compris. J'étais novice, je n'ai rien dit. Tout a concouru à ce traumatisme : l'ambiance délétère hors terrain, des occasions que, normalement, JPP ne rate jamais. Nous pensions au moins nous qualifier à l'arraché. Dans le vestiaire, l'accablement se mêle à la consternation. Très vite, les déclarations fusent. Un vaste déballage. Cet échec n'est pas le mien. Le ressasser est vain. Je m'éclipse rapidement de l'enceinte. Arsène est venu nous chercher, Manu Petit et moi. Dans l'avion qui nous ramène vers Monaco, nous ne réalisons pas. « Ce n'est pas dramatique. Vous avez le temps, vous commencez en équipe de France », avance Wenger. Paroles réconfortantes. Mais cette Coupe du monde, j'avais envie de la jouer. J'intégrais enfin le groupe France. Je suis déçu.

La presse s'en donne à cœur joie. « *Inqualifiable* », « *Sinistres bouffons* », peut-on lire au hasard des gazettes. Heureusement, à Monaco, nous sommes dans notre bulle, à l'abri. Arsène m'explique que, finalement, il n'est pas plus mal de ne pas être entré en jeu contre la Bulgarie. Deux jours plus tard, il m'invite dans son bureau. Il me tend un magazine, me suggère d'y jeter un œil. Les bras m'en tombent. « *Scandaleux. Après leur élimination, certains Bleus sont allés en boîte de nuit* " *célébrer* " *l'événement. Un comportement indigne de la part de joueurs professionnels.* » L'hebdomadaire cite des noms parmi les fêtards, dont le mien. Fortiche car j'étais dans l'avion. « Tu ne devrais pas laisser passer. A ta place, j'attaquerais le journal », me conseille Arsène. Je refuse. J'aspire à tourner la page sans acrimonie.

Pour succéder à Houllier, le choix se porte, après moult tergiversations, sur son adjoint, Aimé Jacquet, 53 ans, supposé intérimaire. Ancien milieu de terrain, cinq fois champion de France avec Saint-Etienne, il débute sa carrière d'entraîneur à Lyon avant de se bâtir un palmarès aux Girondins de Bordeaux. Je le connais peu. Nous allons apprendre à nous découvrir, à nous apprivoiser. Sa passion du foot transpire par tous les pores. Il en parle comme le font mon père et ses copains : ça me plaît. Malgré tout, j'ai le sentiment que le football français s'apprête à vivre des moments de flottement. La claque bulgare a laissé des séquelles. La reconstruction sera lente. Dans ma tête, il est hors de question de rater le « train bleu ». Je veux monter dans le bon wagon. Je suis cependant loin de me douter que, cinq ans plus tard, nous serons sur le toit du monde. Pourtant, sept joueurs de cette Berezina bulgare y parviendront : Deschamps, Lizarazu, Desailly, Petit, Blanc, Lama et moi.

Le premier match – amical – de l'ère Jacquet est un défi. Le 16 février 1994, nous nous déplaçons à Naples. La France ne l'a pas emporté en Italie depuis quatre-vingt-deux ans. Aimé emmène des joueurs victimes de l'élimination et quelques nouvelles têtes. « Le passé est le passé, nous dit-il. Maintenant, nous repartons pour une nouvelle aventure. Tirons les leçons de l'échec bulgare afin d'éviter qu'il ne se reproduise. L'Italie est un bon test. Je vais voir sur qui je peux compter. La sélection se fera naturellement. » Voilà qui est clair. Le stage de préparation se déroule dans un climat serein, qui contraste avec la sévérité de la presse. Qu'importe, il ne faut compter que sur nous-mêmes. Aimé implique et motive tout le monde avec adresse. Nous sommes prêts à réaliser un joli coup. Au stade San-Paolo, à proximité du Vésuve, Cantona enfile le brassard. Je suis titulaire. A trente secondes de la pause, Ginola exploite une mauvaise relance de Baresi. Je fais un appel dans son dos. Il me voit, me lance et je plante. Contrôle pied gauche, petit ballon piqué du droit. Pagliuca va la chercher au fond. Mon premier but en Bleu. Le premier de Jacquet. Un contre, un but. Victoire 1-0. Nous avons tenu le résultat en jouant à l'italienne, recroquevillés derrière, défendant comme des « crève-la-faim ».

A défaut d'euphorie, démarrer par une telle victoire nous rassérène et nous redonne du crédit. Nous pouvons au moins souffler un peu. Bien sûr, nous ne sommes pas devenus d'un claquement de doigts les Harlem Globe Trotters du football. Mais nous percevons, en filigrane, que les choses évoluent dans le bon sens. De mon côté, j'enchaîne les buts : trois lors des quatre sorties initiales d'Aimé. Après l'Italie, je m'illustre d'une tête lobée face au Chili à Lyon, puis sur une reprise de volée contre le Japon à Tokyo, lors de la Kirin Cup. En revanche, je suis blessé pour les débuts internationaux de Zidane et de Thuram, en août, contre la République tchèque. Mais Aimé peut compter sur moi.

En guise d'entrée en matière pour les éliminatoires de l'Euro 1996, nous obtenons trois 0-0. Aimé cherche son équipe type et tente des essais. Je ne suis pas systématiquement titulaire, plutôt le joker. Je ne m'en offusque pas. J'ai confiance. Le sélectionneur connaît mon degré d'implication, mon amour du maillot bleu. Il voit mon efficacité, aussi. Les discussions entre nous sont fréquentes. Nous nous comprenons. Beaucoup critiquent notre équipe, la considèrent ultradéfensive, dénuée d'imagination, de folie. Lui soutient, sans réserve, les attaquants. « Les trente derniers mètres vous appartiennent, s'enthousiasme Aimé. Vous pouvez prendre le ballon et dribbler cinq joueurs, ça ne me dérange pas tant que c'est dans cette zone. C'est vous qui décidez de la prise de risque. Marquer le but représente la finalité de l'équipe. Vous avez l'art de faire la différence. Pour cela, vous avez mon respect et mon admiration. »

Au sein des Bleus, aucun véritable numéro 9 n'émerge durablement. Papin achève sa carrière internationale, Canto recule d'un cran avec Manchester et en équipe de France. Ginola, comme moi, n'est pas un pur avant-centre. Sauf que je marque. Nous devons aussi apprendre à composer sans Cantona : en mars 1995, il est suspendu sept mois par la FIFA pour un geste de kung-fu sur un spectateur qui l'insultait, à Crystal Palace.

La qualification est loin d'être acquise lorsque, en août 1995, la Pologne nous rend visite. Il s'agit de notre retour au Parc des Princes depuis l'amère défaite contre la Bulgarie. Une fois de plus, je débute sur le banc. J'assiste, impuissant, à l'ouverture du score des Polonais. Leur gardien, Wozniak, habituel remplaçant, est en état de grâce. A la 82ᵉ, il repousse un penalty de Lizarazu. Je suis sur le terrain depuis quelques minutes. Il en reste quatre à disputer quand la France obtient un coup franc. C'est pour un gaucher. Pedros doit s'y coller. Mais personne n'ose toucher le ballon, l'équipe est tétanisée. Il faut réagir. Je prends mes responsabilités. J'ai l'intuition que je vais marquer. Ce n'est pas possible autrement : nous ne pouvons pas ne pas aller à l'Euro. Tant d'efforts ne peuvent s'effondrer ainsi, contre un adversaire ordinaire, un gardien inconnu au bataillon. Je pose le ballon, je me concentre, je fixe le portier. Je m'élance et transmets toute ma hargne dans cette frappe brossée. Si le gardien avait touché la balle, il se serait brûlé les doigts et elle serait rentrée quand même, tellement je suis remonté.

Je prolonge l'espoir des Bleus. Je n'aime pas l'idée du sauveur. Cela signifie l'éventuelle attente d'une catastrophe pour intervenir. Tel n'est pas mon cas. Il s'agit, en réalité, de la conscience aiguë de pouvoir influencer le cours d'un match. J'ai souvent mis des buts lors de circonstances tendues. C'est là où je suis fort. Et, par capillarité, cette force devient celle des autres. Mes partenaires en ont conscience. J'ai leur bénédiction, cela aide à tenir. Etre décisif ne s'enseigne pas. Disposer de cet art-là est synonyme de liberté : ce don m'a permis d'aller au bout de ma quête personnelle.

C'est le mental qui sépare le champion du sportif du dimanche. Souvent, je concrétise ce que je désire sur le terrain. Je transforme en alliés les éléments négatifs. En D2, quand je prenais des coups à longueur de parties, je me motivais en songeant : « Vas-y, tacle-moi, tacle-moi encore, mais sache que je vais marquer. Je vais marquer plutôt que de me décourager. » L'adversaire n'a qu'une idée en tête : te faire baisser les bras. Pas de ça avec moi. Il y a erreur sur la personne. Je ne renonce pas. Jamais. Ma détermination est féroce. Ma carrière s'est construite dans l'inconfort. Plus la difficulté est importante, plus je suis motivé.

Mon parcours est atypique. Avant d'arriver en équipe de France, j'ai connu de sacrées embûches. Au lieu de me plaindre, je m'en suis sorti par l'abnégation et le travail. Pour m'affirmer, je suis capable de faire abstraction totale de mon entourage et de mes adversaires. Quand je rentre sur le terrain, je ne vois plus personne, n'entends plus personne, pas même l'entraîneur. Seule la gagne m'obsède, surtout quand le match recèle des enjeux. Je suis dans un état second. Attentif et concentré mais transcendé, habité. Quant au ballon, je le caresse, je lui parle avec affection. Surtout, pas d'insulte. Je lui montre combien je l'aime. Je le charme, je l'amadoue, je le dompte. C'est la moindre des choses, si j'aspire à ce qu'il me traite convenablement !

Avec cette égalisation tardive contre la Pologne, je gagne sans doute ma place. Au match suivant, nous atomisons l'Azerbaïdjan à Auxerre. Dix à zéro. Et un doublé pour moi. Ce très large succès nous donne de l'énergie pour défier la Roumanie à Bucarest, en octobre. Un match fondateur. Il leur suffit d'un point pour se qualifier. En tête du groupe, quart-de-finalistes du Mondial, ils sont invaincus chez eux depuis des lustres. Aimé trouve les mots pour nous galvaniser. Fabien Barthez réalise une partie de grande classe. Nous aussi. Un vrai combat, avec Zidane en meneur de jeu et moi second attaquant libre. Nous l'emportons 3-1 et j'inscris notre deuxième but. Nous voilà relancés. Un mois plus tard, à Caen, Israël concède deux buts. J'en signe un. Deuxième du groupe derrière la Roumanie, le ticket pour l'Euro anglais est composté. Pour ne pas perdre la main, je m'offre en janvier un doublé supplémentaire, au Parc des Princes contre le Portugal, en amical.

La compétition approche. Lors d'un rassemblement à Clairefontaine, Aimé nous convoque dans son bureau, Zizou et moi. Solennel, il nous annonce que sa décision est mûrement réfléchie : malgré le respect qu'il a pour lui, il ne sélectionnera pas Eric Cantona. Personne n'est au courant. Il faut mesurer le poids de ce choix. Canto, à Manchester, est le roi d'Angleterre. « Je le lui ai moi-même annoncé et ce fut une journée éprouvante. Je sais que c'est difficile pour lui. Mais j'ai confiance en vous, je crois en vous », souligne Aimé en nous fixant droit dans les yeux. Il poursuit : « Youri et Zizou, vous êtes mes deux soleils. Pour briller, vous avez besoin l'un de l'autre. Et l'équipe de France a besoin de vous. Vous n'êtes pas dissociés mais associés. Je ne vous mets pas la pression, je vous donne des responsabilités. Pour moi, le futur, c'est vous. Vous êtes les dépositaires du jeu de l'équipe de France. » Ouah, les frissons ! J'ai la chair de poule. Avec Zizou, nous ressortons du bureau sans broncher. Je suis flatté. Surpris, également, qu'il ne prenne pas Canto, qui était notre capitaine avant sa suspension. Malgré son aura, Eric ne nous a jamais mis de bâtons dans les roues, il n'a jamais été pesant. Aimé voyait les Bleus sans lui, au-delà de lui. A nous de saisir l'occasion.

***

Outre Cantona, la liste des vingt-deux pour l'Euro révèle l'absence de Ginola, qui flambe avec Newcastle. Les Anglais n'ont pas dû comprendre ! Je traverse l'événement avec entrain. Trente ans après mon père, je dispute une compétition internationale en Angleterre. De nombreux membres de ma famille effectuent le voyage depuis Lyon pour m'encourager. Ils sont une trentaine, guidés par Denis, et portent des tee-shirts, des drapeaux et des casquettes siglés

« Youri Euro 96 ». Après mon but contre l'Espagne, j'ai couru vers eux. Et ils ont déployé une banderole de six mètres aux couleurs de l'Arménie. Savoir les miens près de moi est un précieux soulagement. Leur présence n'occulte pas une concentration poussée à l'extrême. Quand j'entre dans une compétition, je ne suis plus le même. Jean-Marie Le Pen est choqué que nous ne chantions pas la *Marseillaise* ? Cela me passe au-dessus. L'Angleterre vit au rythme du scandale de la vache folle ? Mais moi, à ce moment-là, je suis prêt à manger n'importe quoi, bœuf anglais ou autre. Rien ne peut m'atteindre.

L'Euro dure un mois. C'est long. Nous changeons souvent d'hôtel, les Bleus n'ont pas encore le statut de grande équipe. Les affinités se créent. Je me rapproche de Mickaël Madar. Le Juif et l'Arménien : nous avons des histoires de famille à nous raconter... Qu'est-ce qu'on se marre tous les deux. Nous possédons le même humour. Et puis, c'est mon partenaire de cartes. Nous nous mesurons à la paire Dugarry-Zidane, les deux plus grands tricheurs que le pays ait jamais connus ! Il me fait passer un magnifique Euro. Pour le groupe, de par son état d'esprit irréprochable, il est important. Il n'a pas joué du tournoi mais on ne peut pas dire qu'il ne s'est pas échauffé ! Souvent, nous lui lancions : « Mickey, Mickey, arrête de courir, le match est fini. Allez, reviens. »

Ces moments de détente ne masquent pas l'essentiel : progresser dans le tableau. Les matches de poule confirment que nous sommes dans le rythme. Devant la Bulgarie, Aimé a lancé sa défense inébranlable :

Blanc et Desailly dans l'axe, Lizarazu à gauche et Thuram à droite. Avant l'Euro, ces deux derniers étaient pourtant les doublures d'Eric di Meco et de Jocelyn Angloma. L'équipe fait aveuglement confiance à Aimé.

En quarts de finale, à Liverpool, nous défions la Hollande. Le match est tendu, âpre, serré. Les tirs au but sont nécessaires pour nous départager. Je marque le mien. Bernard Lama, impérial durant le tournoi, détourne celui de Seedorf. Nous voilà en demies, à Old Trafford, l'antre de Manchester, qui ne s'est toujours pas remis de l'absence de Cantona : les gradins sont presque vides. La République tchèque joue recroquevillée. Peu d'actions émaillent la rencontre. A l'heure de jeu, je frappe du droit depuis les vingt mètres. Petr Kouba est sauvé par sa transversale. Une fois encore, nous avons recours aux tirs au but. Mon essai est transformé. Zidane, Liza, Guérin et Blanc font de même. En revanche, celui de Reynald Pedros est repoussé. La France est éliminée. Notre première défaite en vingt-huit matches. Wembley était si proche...

Je quitte cet Euro frustré, battu par un adversaire complexe à jouer, qui a su nous gêner tactiquement. Bien sûr, atteindre le dernier carré est un bon résultat en soi. Mais, offensivement, nous n'avons pas été assez performants. Se présentait à nous la possibilité d'accrocher un titre et de gommer notre non-qualification pour le Mondial.

Les Bleus avaient besoin d'un Zidane à 100 %. Mais, victime d'un accident de voiture avant l'Euro, il a joué diminué. D'ailleurs, pour la photo officielle précédant notre départ, son visage était maquillé, de sorte qu'on ne voit pas ses ecchymoses et ses hématomes.

Zidane amoindri, les attaquants ont bénéficié d'un relais en moins. Alors que l'équipe aurait dû pousser davantage vers l'avant, nous avons joué de plus en plus serré au fur et à mesure de la compétition. D'où nos cinq buts seulement dans le tournoi. Eclat offensif pâlichon. A l'heure des bilans, je préfère le dire. Cet Euro, tremplin vers le Mondial, a permis de développer la communication interne.

Ayant perçu que Zidane était perturbé, je lui ai remonté le moral. Nos quatre ans d'écart facilitent le dialogue. Je sais comment l'aborder. En équipe de France, il a immédiatement été bon. Le maillot bleu le sublime. Evoluer à son côté est gratifiant. Il comprend le jeu, sent le foot. Comme moi, il est porté vers l'avant et joue vite. On a souvent essayé de nous opposer, sondant notre complémentarité, établissant un comparatif de nos mérites respectifs. Toujours nous avons pris soin d'éviter la polémique. Entre nous, ni calculs ni faux-semblants. Avec un Zizou au top, je reçois de meilleurs ballons. Notre zone d'action est proche mais les tâches sont bien définies. Zizou n'est ni un rival ni un concurrent.

L'homme est également attachant. Il est intelligent et timide. Il ne fanfaronne pas, n'est pas un produit médiatique mais un élève terriblement doué. Celui qui le verra rouler des mécaniques n'est pas né. Ça tombe bien, je ne suis pas non plus du genre à arriver quelque part et à taper sur l'épaule des gens. Avec

Zidane, j'ai su d'emblée qu'il n'y aurait jamais d'accroc. Nous nous comprenons d'instinct. Et puis le discours d'Aimé, les responsabilités qu'il nous a confiées, nous ont rapprochés. Nous nous ressemblons : Zizou a aussi une histoire familiale riche. Ses frères sont très présents, ses parents le soutiennent. Nous ne venons pas du même univers mais nous avons été éduqués avec les mêmes valeurs. Cela favorise la connexion. Et notre objectif est le même : que la transition ne dure pas dix ans, que les Bleus redeviennent conquérants.

Finis les deuxièmes sympathiques, que la France se complaît à idolâtrer. Nous voulons vaincre. Nous savons que nous en possédons l'étoffe. Qui d'autre, alors, à part le sélectionneur et nos familles, le soupçonne ? Nous, sincèrement, nous y croyons. A chaque exercice, nous cultivons un peu plus cette culture de la gagne. Terminées, les séances en dilettante. Place à la rigueur. Nos entraînements deviennent un must, avec des fautes techniques quasi inexistantes. Compte tenu de son expérience et de sa position sur le terrain, Didier Deschamps s'avère le relais idéal de l'entraîneur. Il a porté le brassard à partir de l'Euro pour ne plus le lâcher. Didier est un fédérateur hors pair, qui sait l'osmose idéale entre la défense et l'attaque, selon l'adversaire et les circonstances.

Notre montée en puissance vers la Coupe du monde passe, en 1997, par le Tournoi de France. Une sorte de répétition générale du Mondial, à laquelle prennent part, en juin, le Brésil, l'Angleterre et l'Italie. Aimé commence par une gueulante. Adidas est l'équipementier des Bleus mais pas mal de joueurs sont sous contrat avec Nike et refusent de chausser la marque aux trois bandes. Lors d'une réunion, il s'emporte et certifie : « Ecoutez-moi bien. Ceux qui ne veulent pas respecter les contrats ne reviendront plus en équipe de France. Est-ce clair ? Vous m'emmerdez avec votre guerre Nike-Adidas. » L'affaire se dénoue dans le calme. Place à la Seleção de Romario et Ronaldo. Sauf qu'Aimé m'attrape pour m'assurer :

— Youri, je ne vais pas t'utiliser.

— Mais Aimé, nous jouons le Brésil, chez moi à Lyon.

— Ne me casse pas les pieds. Tu resteras sagement sur le banc. Tu dois te reposer après ta saison à l'Inter. On prépare 98, là.

— Mais c'est dans un an, coach. Et je n'ai jamais joué le Brésil.

Il ne cède pas. J'en suis malade.

L'Angleterre se dresse ensuite devant nous, à Montpellier. Nous jouons mal, la chaleur nous étouffe. Nous passons au travers et, quand Alan Shearer marque à quatre minutes de la fin, c'en est fini de nos espoirs de remporter le Tournoi. Je suis tout retourné. Cette compétition ne me sourit pas et je ne peux me résoudre à terminer sur une fausse note. Cela gâcherait mes vacances. Ultime chance de se racheter, contre l'Italie, au Parc.

La veille, à Clairefontaine, un groupe d'enfants nous a rendu visite. Un gosse a fait le déplacement spécialement pour moi. Il est touchant. « Cela me ferait plaisir que la France gagne et que ce soit vous qui marquiez », me dit-il. Du tac au tac, je réplique : « Demain, je vais marquer pour toi. » Je ne dis pas ça pour lui faire plaisir. J'en suis persuadé, je sais, je le sens. Cette fulgurance me traverse comme une évidence. Le soir, après le dîner, je rejoins ma chambre. Allongé sur le lit, je fais défiler le film de la journée. Et je repense à ce gamin. Je me relève, m'installe au bureau et prends un papier. Je griffonne à la main : « J'ai rencontré un jeune homme aujourd'hui, fan de l'équipe de France et dont je suis le joueur préféré. Je lui ai promis que j'allais marquer et je vais le faire. »

Le lendemain, je débute sur le banc. J'indique à Aimé qu'il peut compter sur moi. Il me connaît et se sert de mon impatience. A l'intérieur, ça bout. Je m'échauffe et j'entends le stade entonner « Youri, Youri ». Quand il m'appelle, Aimé n'a même pas le temps de baisser le bras que je suis déjà à côté de lui. Je rentre à la 64e. Neuf minutes plus tard, de l'extérieur de la surface, je décoche un tir violent. Missile dans la lucarne. Un but comme je les aime, à la Youri. Les vacances seront donc agréables...

Comme promis, j'ai marqué. Après le match, Philippe Tournon, le chef de presse, explique aux médias qu'aucun joueur ne viendra s'exprimer en zone mixte, l'espace réservé aux interviews. C'est la fin de la saison, tout le monde s'éclipse. Je suis le seul à traverser le couloir. Je n'adresse la parole à aucun journaliste. Je file droit vers celui avec qui je rédige chaque jour ma chronique pour *Le Parisien*. Je lui tends le papier rédigé la veille. « Fais-en ce que tu veux. » Et je repars. Le lendemain, il publiait mon texte tel quel !

AIMÉ JACQUET

« La scène se déroule le 11 octobre 1995. Le soir, à Bucarest, les Bleus défient la Roumanie, qui possède quatre points d'avance sur nous dans le groupe de qualifications pour l'Euro 1996. Un match couperet, donc. Les joueurs sont face à moi. Je les désarçonne en insistant sur le fait qu'ils doivent s'inspirer de l'égoïsme de Youri devant le but. C'est le modèle à suivre. J'ai recours à des mots durs, forts. J'exige des efforts, de la sueur. J'avais potassé toute la nuit. Mon discours était maîtrisé. Je sens les garçons réceptifs. Youri ignorait que j'allais me référer à son sens du but. L'équipe de France dispute une première mi-temps remarquable et l'emporte 3-1, avec une réalisation de Youri. Ce fut le début de la grande aventure, celle qui nous a menés à la victoire en Coupe du monde.

Je ne crois pas au hasard. Youri a été le premier buteur des Bleus quand j'ai pris la sélection, à Naples, face à l'Italie. Très vite, il a fait partie du projet mis en place pour la quête du Mondial. J'avais deux leaders dans l'équipe, Didier Deschamps et Laurent Blanc. Et deux leaders techniques incontestables, dont j'avais deviné le potentiel : Youri et Zinédine. Je leur ai laissé à partir de 1995 une totale liberté. Afin de faciliter leur épanouissement, j'ai mis progressivement de côté les anciens, Papin, Ginola et Cantona. Une décision terrible et excitante. J'étais sûr de moi. J'avais foi en eux. J'ai voulu les associer, surtout pas les dissocier. Parmi mes proches, le doute régnait. Je n'ai pas dévié de ma conviction. Cela a été ma bagarre durant deux ans.

Youri est un surdoué, un magicien du but. Il est l'incarnation du véritable attaquant. Par sa clairvoyance et son habileté, il détient l'art de faire basculer les rencontres. J'ai entretenu avec lui des rapports affectifs, même si ceux-ci passent au second plan quand on devient décideur. J'appartiens à la même génération que Jean, son père, avec qui je partage beaucoup de valeurs, notamment l'exigence à l'égard du talent. Je demandais énormément à Youri car c'est à force de travail que l'on se rapproche de l'excellence. Nos discussions ont renforcé notre complicité. Elles ne sortaient jamais du vestiaire et c'est parce que rien n'a filtré au-dehors que l'histoire a si bien fonctionné.

Youri est solitaire et se recroqueville parfois sur lui-même. Mais j'ai les clés pour l'aborder. Nous nous disions les choses en face, sans langue de bois. Il déteste les faux-fuyants. Nous nous ressemblons là-dessus. Au fond, je n'ai pas accompli de miracles. Je me suis contenté de surprendre, d'adapter et de respecter les hommes, pour les emmener vers ce qu'il y a de meilleur. De ce côté, Youri ne m'a jamais déçu. Et puis, comme moi, il reste profondément joueur dans l'âme. Il a gardé ce côté enfantin dans le regard. Le jeu est l'expression de la vie et Youri l'un de ses meilleurs représentants. »

8

Notre monde à nous

Pour moi, les fêtes de Noël sont sacrées. Comme la plupart des Français, elles se déroulent d'ordinaire en famille, loin des collègues, avec qui déjà je passe beaucoup de temps. Cette coupure qui me ramène auprès des miens m'est indispensable, tant les saisons sont harassantes et accaparantes. 1997 constitue l'exception. Pour davantage resserrer les liens, Aimé Jacquet prévoit de réunir l'équipe de France en stage d'oxygénation à Tignes. Pas très emballant. Un déchirement, même. La Fédération nous le demande, nous acceptons du bout des lèvres, accompagnés heureusement de nos femmes et de nos enfants. L'intelligence des Bleus a été de savoir que tous les sacrifices consentis paieraient un jour. A partir du moment où l'on s'engage à accomplir une chose, autant s'y employer avec zèle et ténacité. Telle est, en quelque sorte, notre marque de fabrique.

Le séjour savoyard amplifie l'aspect bande de copains. Certaines complicités se nouent, des caractères timides s'affirment et s'affinent. Les barrières tombent, le besoin de paraître se dissipe, le superflu laisse place à l'essentiel. Nos épouses font plus ample connaissance, les gamins s'amusent dans la neige. L'équipe de France devient véritablement notre club.

Au pied du sapin, le 25 décembre, non pas des cadeaux mais la visite d'un médecin du ministère de la Santé. Il déboule dans la matinée à la station alpine pour un contrôle antidopage inopiné. Je ne suis pas loin de lui envoyer mon poing dans la figure. Nous préparons paisiblement le Mondial et il vient nous importuner le jour de Noël, à 2 000 mètres d'altitude. Je suis excédé. Notre docteur, Jean-Marcel Ferret, lui, reste zen. Déjà, au Tournoi de France, le doc passait dans les chambres à six heures du matin pour des prises de sang. Il envoyait les prélèvements dans un laboratoire afin de pouvoir réagir en cas de soupçon. Depuis deux ans, tous les trois mois, sans prévenir personne, il nous ponctionne du sang. Une Coupe du monde excite les folies et attise les supputations. J'ai été marqué par un champion du monde d'athlétisme contrôlé positif : il avait démontré que des résidus de nandrolone provenaient de son dentifrice.

Un parfum de Coupe du monde. Voilà ce que nous pressentons le 28 janvier. L'Espagne inaugure face à nous le Stade de France, à Saint-Denis. L'enceinte est magnifique. Plus de 78 000 spectateurs : record de spectateurs pour un événement sportif organisé en France. Malgré un froid polaire, le « SDF » est idéalement baptisé. Sur une pelouse gelée, Zidane inscrit l'unique but de la rencontre en reprenant l'une de mes frappes, renvoyée par l'angle de la cage de Zubizarreta. L'atmosphère est plus chaude à Casablanca où, fin mai, nous disputons et remportons le tournoi Hassan II. Face au Maroc, je remplace Zidane à l'heure de jeu. J'égalise dans la foulée d'une singulière talonnade aérienne, une sorte de ciseau à l'envers. L'une de mes plus belles réalisations. Le même jour, à l'unanimité des députés présents, l'Assemblée nationale reconnaît publiquement le génocide arménien de 1915.

Le mois de juin se déroule au sein de notre camp retranché de Clairefontaine. Le Château, notre monde à nous, notre univers. C'est à l'intérieur des murs de brique que se bâtit l'esprit de cette équipe de France. Seuls les joueurs et le staff sont autorisés à y pénétrer. Bénéficier de cet espace clos, ceint par des barrières, est primordial. L'endroit est agréable et chaleureux. Nous le personnalisons, l'agrémentons. Ce que nous avons vécu ensemble depuis l'Euro 1996 s'exprime lors de discussions interminables, passionnées et enfiévrées. Les idées échangées autour d'un café débordent du champ du football. Chacun livre son opinion, fait avancer le débat, qu'il s'agisse de contrats, de la famille ou de la vie.

Les sujets les plus hétéroclites sont abordés et il n'est pas question de PlayStation ou du dernier modèle d'une berline allemande. La plupart des membres du groupe se ressemblent : proche de la trentaine, des enfants, une expérience internationale dense, un détour par l'étranger après un long apprentissage en France. Les joueurs ont un statut en Europe mais n'en abusent pas. Ce sentiment d'appartenir à une même entité est stimulant. Nous sommes bien ensemble, conscients de notre potentiel. Il n'y a aucun décalage entre les joueurs. Les plus jeunes ne se sentent pas à l'écart car nous partageons notre vécu.

A Clairefontaine, nous sommes coupés de tout, et notamment de la lecture des journaux. *L'Equipe* s'acharne sur Aimé. Il est ébranlé mais prend sur lui. La polémique ne l'affaiblit pas. Constamment, il s'efforce de nous protéger. Il encaisse en silence les critiques, qui dépassent vite le cadre sportif, se muant en attaque *ad hominem*. Nous sommes solidaires. Nous arrivons à en faire abstraction car le plus concerné se comporte ainsi, dignement. Nous pouvons perdre contre le Brésil ou l'Allemagne, pas contre la presse. Ce serait tellement éloigné de la philosophie de cette équipe.

Alors que les reproches injustes fusent, car les Bleus ne connaissent que très rarement les affres de la défaite, nous faisons le dos rond. Nos victoires sont étriquées mais nos performances encourageantes. Et puis les meilleurs jouent en équipe de France. Il n'existe aucun favoritisme. Ceux qui assurent le contraire sont dans l'erreur. Les plumes acérées se trompent de cible. Qu'importe, nous sommes imperméables à la pression. Nous savons notre préparation exemplaire. Si la compétition, peuplée d'aléas, livrera son verdict, la confiance et l'optimisme règnent.

Au Château, tout est calculé à la minute près, de l'entraînement aux séances de récupération. Cependant, ce solide édifice est troublé quand Aimé annonce à Nicolas Anelka, Ibrahim Ba, Pierre Laigle,

Lionel Letizi, Martin Djetou et Sabri Lamouchi qu'ils ne sont finalement pas retenus. Pour eux, l'aventure s'arrête net. Nous sommes au vert quand cela se produit. Drame et incompréhension. Le sélectionneur avait choisi d'opter pour vingt-huit éléments, quand bien même la liste finale ne pouvait comporter que vingt-deux noms. Il savait donc devoir tôt ou tard trancher dans la douleur.

Trois mois plus tôt, après un nul amical en Suède et le dîner qui a suivi, Aimé est venu dans ma chambre m'expliquer son fonctionnement. « Le groupe n'est pas arrêté. J'ai mon noyau dur mais je veux être certain à 100 % de ne pas me tromper, spécialement au niveau de la mentalité. » Ce qui a péché est sans doute la manière, bien que, aujourd'hui, la plupart des nations imitent ce système. Là, en pleine nuit, les « exclus » quittent le centre, sans que nous puissions leur dire au revoir. Les mots, parfois, sont inutiles. Seul Pierre Laigle reste jusqu'au lendemain matin. Je suis triste pour Ibou Ba, titulaire encore récemment en équipe de France, et pour Nico, euphorique avec Arsenal, même s'il est encore jeune. Soulagement en revanche pour Titi Henry. Il a été mon partenaire à Monaco. Il tremblait comme une feuille de ne pas aller au Mondial. Il ne pensait pas être retenu.

A six jours du coup d'envoi de la compétition, un invité inattendu se pose en hélicoptère à Clairefontaine. Le président de la République s'invite à table. J'apprécie qu'il dîne avec les joueurs plutôt qu'avec le staff. Il aime les sportifs, ça saute aux yeux. Le repas est léger et détendu. Jean-François Lamour, son conseiller technique pour le sport, et Marie-George Buffet, ministre de la Jeunesse et des Sports, sont également présents. Le chef de l'Etat, placé entre Didier et Laurent, commande une bière. Nous l'avions déjà mise au frais pour lui ! L'ambiance est allègre. En confiance, Roger Lemerre, adjoint d'Aimé, raconte une blague épicée. Nous avons aimé ces deux heures avec Jacques Chirac. Il nous confie s'entraîner à nous remettre la Coupe, ajoutant que la France compte sur nous. « Tout le pays est mobilisé. » Paroles de l'élu du peuple. Il est à l'aise, taquin. Par la suite, il nous a toujours suivis, modifiant son agenda pour assister aux matches et chanter à tue-tête avec nous dans le vestiaire. Il s'est piqué au jeu. Bref, Jacques Chirac ne nous a plus lâchés ! Du coup, nous lui offrons le maillot 23. Celui du vingt-troisième homme.

Le match contre l'Afrique du Sud, le 12 juin à Marseille, déclenche tout. La tension est énorme. Premier moment d'émotion avant la rencontre. De leur vestiaire s'échappe un chant africain, sourd et tonitruant. Nous croyons qu'il émane d'une cassette. Pas du tout. Il est chanté a cappella. Ça prend aux tripes. Quel éclat ! Avec Lilian Thuram, cela nous motive diablement. C'est parti. Très vite, Guivarc'h se blesse. Duga le remplace. Il rate une occasion, puis une autre, mais se rachète : corner de Zizou et tête de Christophe, tant vilipendé avant le Mondial. Je marque le deuxième but, attribué à Pierre Issa contre son camp. Le match est plié. Thierry Henry parachève le succès. Rarement nous avons marqué trois buts. Nous sommes lancés avec panache. Place à l'Arabie Saoudite. Sauf qu'Aimé m'annonce solennellement : « Youri, je ne vais pas te faire jouer. » Ça y est, il est devenu fou. « Si on les bat, me raisonne-t-il, on se qualifie et je pourrai en faire souffler d'autres pour le troisième match. Le tournoi est long. Il y a sept rencontres jusqu'à la finale. »

Je respecte Aimé, donc j'obtempère. Il devine quand je fais ma mauvaise tête. Dans ces cas-là, à Clairefontaine, il me dit : « Youri, tu m'emmerdes. Si c'est pour afficher cette humeur, je préfère que tu boives ton café avec les autres et que tu remontes te coucher. Ou prends l'air. Mais reviens me voir plus tard. » Dans mon souci de perfection, je suis parfois un peu pénible, dans le bon sens. Il le sait. Comme il sait que je suis un malade de l'entraînement. J'en ai besoin. « Mais arrête de gaspiller ton énergie. Garde-la pour les matches, me répète-t-il. Va plutôt faire un tour de vélo dans la forêt pour te calmer. » Le VTT, c'est plus pour Didier et Marcel. Ils ne font que ça. A croire qu'ils préparent le Tour de France !

Contre l'Arabie, je rentre en fin de match. Le temps d'adresser une subtile talonnade à Liza, qui marque de près. Cette passe est aussi forte qu'un but. Point négatif : l'expulsion de Zizou, coupable d'un geste d'énervement. Aimé est furieux. Son courroux est tel qu'il ne le regarde même pas quand il sort. Aimé supporte beaucoup de choses mais pas que nous tombions dans le piège de l'adversaire. Il nous avait demandé de rester calmes et de ne pas répondre aux provocations. Sans Zizou, suspendu deux matches, les plans d'Aimé sont chamboulés. Pour le Danemark, je suis titulaire. Normal : la rencontre a lieu à Lyon, chez moi. Le public m'encourage et c'est réconfortant car, en général, quand je joue à Gerland, je suis avec l'équipe d'en face. J'inscris mon premier but en Coupe du monde, sur penalty. Je tire à droite du gardien. Je n'ai pas choisi ce côté de façon anodine. Le midi, je regarde les informations. Un reportage est illustré d'images d'archives. Et que vois-je ? Mon père avec le maillot bleu, qui réussit un penalty, exécuté à la droite du gardien. J'éteins le téléviseur avec cette image en tête. Elle ne m'a pas quitté dans mon duel avec Peter Schmeichel.

Le Paraguay se dresse devant nous pour ses huitièmes de finale. Il ne s'agit plus de rire car le perdant sera éliminé. Ce match est le plus tendu, le plus dur du tournoi. Se faire sortir par les Sud-Américains ferait mauvais genre. Ils n'ont pas un cachet aussi illustre que l'Italie. Le contexte est pesant. Nous avons plusieurs occasions de les évincer mais nous calons. L'un de mes tirs effleure le poteau de José Luis Chilavert. Il m'énerve : il passe son temps à faire son cinéma. Dans les dernières minutes, sur une action, je m'approche de lui et l'insulte. Je veux le déstabiliser et qu'il arrête de nous provoquer. Plus la partie avance, plus il prend confiance et paraît large dans la cage. Ça m'agace. Heureusement, durant les prolongations, Robert Pires déborde et centre pour David Trezeguet, qui sert Lolo en retrait. But en or de notre grande saucisse. Et le voilà qui court comme un jeune. On dirait une gazelle. Ce but est une libération. Nous remportons notre match le moins représentatif dans l'esprit du public. Sans sérieux dans notre approche, nous serions passés à la trappe.

Nous fonçons tous spontanément vers Lolo pour le féliciter. Et lui qui traverse le terrain de Félix-Bollaert, à Lens, en bondissant. Je finis par l'agripper et lui sauter dessus. Je monte sur le grillage et je serre le poing devant les supporters en fermant les yeux. Quand je les rouvre, stupeur : je vois Misha, mon frère, la joue contre le grillage. Il me sourit tendrement. Nous avons les photos à la maison. Un moment extraordinaire. Mais pas le temps de s'appesantir : voici l'Italie. Je connais nos adversaires par cœur, et vice versa. Ce match entre cousins n'arrange personne. La rencontre se joue sur des petits riens. Elle est intense comme une finale. Personne ne domine franchement. L'indécision règne. J'ai une occasion en première période. Durant les prolongations, le grand Pagliuca sort impeccablement et m'empêche d'ajuster ma frappe. Roberto Baggio aura aussi sa chance, dans les ultimes instants. Sa volée, trop croisée, passe de peu à côté. Nous nous en tirons bien.

Pour rejoindre nos aînés de 1982 et 1986 et atteindre les demies, place aux tirs au but. C'est notre Coupe du monde, on doit gagner. J'ai pris la décision, contrairement à mes habitudes, de ne pas figurer parmi les cinq premiers tireurs. Je redoute le face-à-face avec Gianluca Pagliuca, le gardien italien. Il est mon partenaire à l'Inter et connaît ma façon de tirer dans ses moindres détails. Je juge inutile de prendre un risque. Heureusement, la tentative de Biagio est renvoyée avec fracas par la barre. Quel bruit merveilleux ! Rétrospectivement, j'estime que nous avons battu les Italiens sur le mental. Gamins, nous nourrissions un complexe d'infériorité à leur égard. Notre génération, elle, les a toujours dominés. Nous l'avons emporté chez eux en 1994, nous les avons baladés au Tournoi de France, même s'ils ont arraché le nul. Psychologiquement, nous disposons d'un ascendant.

La ferveur qui envahit insensiblement le pays devient perceptible, malgré l'isolement de Clairefontaine. Lors des rares entraînements ouverts au public, ils sont désormais près de 3 000 autour des clôtures. Cela renforce notre motivation. Au Château, les courriers s'entassent. J'en reçois du monde entier. Cela va de déclarations d'amour, de demandes en mariage à « On est fiers de toi », « Tu es le sauveur des Bleus » ou « La finale se rapproche ».

Avant cela, un dernier écueil à franchir : la Croatie, tombeur de l'Allemagne. Zéro à zéro à la mi-temps. Nous sommes désastreux dans le jeu. Nous tombons dans le panneau, nous nous énervons. Dans le vestiaire, Aimé réclame le silence. Il fulmine. « Vous êtes où, les gars ? Mais qu'est-ce que vous faites ? Qu'est-ce que vous voulez ? Vous tenez à rentrer à la maison, c'est ça ? Alors c'est fini, vous abandonnez ? Si vous ne réagissez pas vite, on court à la catastrophe. » Sévère. Mais juste, une fois de plus.

La seconde période débute à peine lorsque Davor Suker, couvert par Lilian, inscrit son cinquième but du tournoi. *Damned.* Après Séville et Guadalajara, de nouveau la malédiction des demies. Paradoxalement, leur but se révèle un électrochoc. Une minute plus tard, Tutu, qui n'a jamais marqué de sa vie ou presque, se retrouve devant moi après avoir volé le ballon à Boban. Surpris, j'accepte le une-deux qu'il sollicite. Je lui glisse le ballon dans l'intervalle, de l'extérieur. Une passe aveugle, digne de Magic Johnson. Et elle atterrit au fond. Faire marquer Lilian est une victoire en soi. Sur sa deuxième réalisation, il perd le ballon, envoie un coup d'épaule pour le récupérer, repique au centre à l'entrée de la surface et frappe du gauche. But. Ce 8 juillet, Lilian Thuram est béni des dieux. Il est sur son nuage. Quand, à genoux, prostré, il porte son index sur ses lèvres, j'imagine qu'il se demande comment il a bien pu réussir son tour de force.

Les Croates font le forcing pour égaliser mais la France tient bon. Et obtient sa place en finale. Elle la disputera sans Laurent Blanc, expulsé pour un contact sur Bilic, qui joue bien le coup et se laisse tomber. Nous sommes tristes pour lui. Il est calme et réfléchi, comme moi. Nous n'avons jamais joué dans le même club mais nos routes se sont souvent croisées. Sur un terrain, Lolo rassure une défense, rassure une équipe. Le joueur et l'homme disposent d'une véritable élégance. Ancien numéro 10, il comprend le jeu et les attaquants. Son humeur est toujours joyeuse, ce qui compte dans un groupe.

Pour nous, cette finale, il l'a jouée. Contre la Croatie, Frank Lebœuf le remplace. A lui, quatre jours plus tard, de surveiller Ronaldo. « Sa peine n'est rien comparée à ma joie », a-t-il souligné à propos de Lolo en comprenant qu'il s'apprêtait à connaître son jour de gloire. Cette phrase est maladroite mais il faut le comprendre : à 20 ans, il était VRP et demandait à son beau-frère de le filmer pour qu'il envoie des cassettes aux clubs ! Le chemin parcouru n'explique pas tout, certes, mais tout de même. Frank était sincère. Il n'a rien volé, il fait partie du groupe. Et puis il a été très juste contre le Brésil. Nous l'avons soutenu. Taquiné, aussi. Le lendemain de la demie, les journaux publient la photo de son étreinte avec Bilic, celui qui a provoqué Laurent Blanc. Nous découpons l'image pour la punaiser dans la salle à manger. Voilà notre façon de dédramatiser la situation. Frank n'a pas perçu tout de suite notre humour mais cela lui a été utile, j'en suis convaincu.

DIDIER DESCHAMPS

« Youri est un garçon réservé et épris de liberté. Il a ses habitudes, son mode de fonctionnement. A la lueur des interviews accordées, il a pu paraître suffisant et arrogant. Il jouit d'une énorme confiance en lui. Il le pense et le clame haut et fort : c'est sa force. Moi-même, j'ai mis du temps à le connaître, à le comprendre. Il a son caractère, moi aussi. Le temps passé durant les compétitions, qui créent une vie commune d'un à deux mois, nous a rapprochés, si bien que j'ai pu parler de lui comme de la découverte humaine des Bleus lors du Mondial 1998. Il s'y est davantage ouvert tout en restant performant sur le terrain. Et puis nos épouses s'entendent très bien; cela facilite les choses. Le respect nous unit, une forme d'amitié également.

Avec l'équipe de France, Youri a pu avoir des excès d'individualisme. Ils font, en fait, partie de son jeu. Il ne vit que pour l'efficacité, au point d'oublier parfois ses partenaires. Son égoïsme devant le but nous a rendu d'énormes services, délivré de tant de situations compromises. Il est toujours là pour faire la différence. Et il donne tout sur le terrain. Je l'ai souvent chambré. Lui aussi est maître dans l'art de titiller. Toutefois, il sait être dur, quitte à blesser, sans forcément le vouloir. Il est ainsi, c'est plus fort que lui.

Déjà, lors de nos discussions en fin de soirée à Clairefontaine, il évoquait New York. Qu'il achève sa carrière aux Etats-Unis ne me surprend pas. Le football lui permet de vivre cette formidable expérience, familiale autant que sportive. Il me manque. Notamment quand il s'agissait de discuter les primes avec les Bleus ! Avec Marcel Desailly et moi, il faisait partie du groupe d'anciens qui négociait les sommes perçues en cas de victoires internationales. Dans ces instants, son côté arménien ressortait ! Il nous tirait vers le haut, ne lâchait rien ! Ça aussi, c'est Youri... »

© Presse Sports

Dans le vestiaire, mon père savoure en 1969 la victoire en Coupe de France, au côté de Joseph, l'attaquant camerounais de l'OM, dont il était le capitaine.
Ancien attaquant, mon père a été l'un des précurseurs du latéral moderne. Il a été vingt-quatre fois capitaine de l'équipe de France.
J'essaie de tacler mon frère Denis, en 1970, lors de l'inauguration du Parc des Princes. Vingt-cinq ans après mon père, je jouerai à mon tour au PSG.

© Presse Sports

Archives Djorkaeff

Archives Djorkaeff

Chez les Djorkaeff, la famille, c'est sacré. Mes parents nous faisaient participer à leurs moments de détente, comme lors de parties de baby-foot ou quand ils triaient le courrier d'admirateurs que recevait mon père. Un peu casse-cou, je profitais de l'hiver pour chausser des skis. Mais c'est ballon au pied que je suis le plus à mon avantage. La première reconnaissance internationale arrive avec le festival espoirs de Toulon. Le maillot de l'équipe de France rythmera ma carrière.

Archives Djorkaeff

© Presse Sports

Promenons-nous dans les bois... Denis et moi sommes fiers d'accompagner notre père dans la forêt. Le ballon ne doit pas être loin !
Quelques années plus tard, la crinière de mon père a blanchi. On prend la pose dans un café de Décines.
C'est dans le stade de la ville que nous célébrons le jubilé des anciens de l'Union générale arménienne de Décines. Sur le cliché les trois frères sont réunis : Denis, mon aîné de trois ans, et Misha, mon cadet de six ans.

Ce 12 juillet 1998, après la finale, j'étreins mon ami Ronaldo, mon partenaire à l'Inter Milan.

En trompant Schmeichel sur penalty à Lyon contre le Danemark, j'inscris mon seul but en Coupe du monde.

Le trophée, je le partage avec toute la bande. Ici, de gauche à droite : Fabien Barthez, Bixente Lizarazu, Zidane, Bernard Diomède, Robert Pirès et Marcel Desailly.

Je retrouve Ronaldo au calme, trop heureux de lui présenter mon fils Sacha.

Cette image a fait le tour du monde et la une de *L'Equipe* du 13 juillet 1998 : Zidane à genoux devant moi (Emmanuel Petit est derrière), après son second but en finale du Mondial contre le Brésil. Il marque de la tête sur un corner qu'il souhaitait tirer à l'origine. « Laisse Zizou, je m'en occupe, tu es bien ce soir », lui avais-je dit.

Deux ans après le Mondial, nouvelle récompense pour les Bleus : l'Euro, au terme d'une finale haletante contre l'Italie.

Quelques années plus tôt, en 1996, j'ai remporté avec le PSG ma première Coupe d'Europe. Je l'exhibe fièrement dans l'avion. Ma femme Sophie et ma mère Marie sont à mon côté.

J'ai connu Nicolas Anelka au PSG. Nous nous sommes retrouvés avec les Bleus. J'ai toujours apprécié le joueur et l'homme.

Ce 8 mai 1996, Paris vient de battre le Rapid Vienne, à Bruxelles, en finale de la Coupe des coupes. Quel groupe ! Yannick Noah, à moitié caché en haut au milieu, nous a aidés à vaincre.

© Presse Sports

Mon dernier sacre avec les Bleus : la victoire en Coupe des confédérations, en 2001, à Yokohama.

© Presse Sports

J'ai joué dans cinq championnats différents. J'ai découvert la fraîcheur des joutes anglaises avec Bolton. Mon séjour en Allemagne a bien commencé avant que Brehme ne fasse tourner l'expérience à Kaiserslautern au cauchemar. A 38 ans, je continue de m'éclater aux Etats-Unis, avec New York. Ma période la plus faste, je l'ai connue avec l'Inter Milan. J'ai adoré l'Italie.

Je suis resté cinq ans à Monaco. En 1994, nous avons atteint les demi-finales de la Coupe d'Europe. Mais nous n'avons rien pu faire contre le Milan AC de Van Basten.

A New York, l'une de mes missions consiste à rendre plus populaire le *soccer* aux médias et au public.

Je suis amoureux de cette ville depuis que j'ai 18 ans.
Se promener sur le pont de Brooklyn, avec Manhattan en toile de fond, est un enchantement permanent.

9

Le 12 juillet et ses tourbillons

Je suis né pour la compétition. Elle m'élève et me révèle. J'adore quand les matches à enjeu démarrent ; cela me remue au fond des tripes. Je possède ce truc en moi qui me permet d'appréhender sans faille, frontalement, l'événement. L'Euro anglais de 1996 a été ma première véritable aventure en Bleu. Nous nous sommes jaugés, nous avons tâtonné. C'était nouveau pour tout le monde. Mais j'ai l'impression que mes partenaires m'ont surtout découvert à l'occasion du Mondial. Beaucoup ont cité mon comportement en exemple, tel Didier Deschamps. Pendant cette Coupe du monde, j'ai été vraiment moi.

D'ordinaire, ma force s'avère ma capacité à marquer à n'importe quel moment, à décanter une situation improbable. Cette fois, j'ai senti et compris qu'il fallait transformer mon jeu, effectuer un travail défensif plus intense car, devant, nous n'avons pas bénéficié d'autant de ballons escomptés. L'équipe avait besoin d'un Youri différent, davantage engagé dans la récupération et le replacement que dans la finition. De ma part, aucun sacrifice, le seul sceau de l'évidence. Ce rôle de composition n'est certes pas ma partition fétiche mais je m'en suis acquitté dans l'intérêt général. Car il en allait aussi de mon propre intérêt. Marquer six buts comme le Russe Oleg Salenko lors du Mondial 1994 et rentrer à la maison dès le premier tour ne m'intéresse pas.

J'ai démontré que je n'existais pas seulement par mes buts et j'en suis fier. Ce Mondial constitue mon apothéose. Avec trois offrandes, je termine même meilleur passeur, ex aequo avec Ronaldo et Brian Laudrup. Ma satisfaction est là. Pour l'équipe de France, j'ai toujours placé en exergue la notion de groupe. C'est à travers le collectif et grâce à lui que je me suis exprimé, accompli, nourri aussi. Que j'ai pu, délicieuse euphorie, influer sur le cours du destin, comme face au Brésil.

Début du temps additionnel de la première mi-temps. Corner pour les Bleus. Sur cette phase de jeu, les consignes d'Aimé sont claires : Manu Petit les tire à droite, Zidane à gauche. Moi, normalement, je suis à la retombée. Sur le terrain, je suis décisionnaire. A condition d'agir dans le respect de l'équipe, il n'est pas déplacé de ne pas obéir à la lettre aux schémas élaborés par le sélectionneur. Or, ce 12 juillet, je sens Zizou euphorique. A la 27e minute, déjà, il a marqué d'une tête piquée au premier poteau, à la réception d'un corner de Manu. Il s'apprête à exécuter celui-là. J'interviens : « Non, non, Zizou, laisse, laisse tomber. Je m'en occupe, tu es bien de la tête ce soir. » Et il ajoute un coup de boule magique.

Cette finale représente un moment de grâce, hors du temps. Notre Graal. Ce dimanche venteux a été magique. Pour ne rien changer, Stéphane Guivarc'h débarque le premier au petit déjeuner. Moi, si habile à reproduire les gestes à l'identique les jours de match, je bafoue volontairement mes traditions en enfilant la chaussette droite avant la gauche. L'entraînement est léger, sous forme de tennis-ballon. L'après-midi, dernière causerie, dans le salon rose de Clairefontaine. Aimé décortique le jeu brésilien, vidéo à l'appui. Nous nous glissons mécaniquement dans nos sièges, chacun ayant ses repères. A mes côtés, Manu et Lilian. Le discours d'Aimé est bref. Il répète ce qu'il attend de chacun. A nous de jouer. D'un coup, le ton monte, le débit s'accélère. Sa gorge se noue. Ses yeux sont humides. Nous sommes comme pétrifiés. Ses mots simples nous touchent au cœur et à l'âme. Aimé termine le visage blanc. Nous nous levons en silence, respectueux, gonflés à bloc.

A 18 heures, après la collation, nous grimpons dans le bus. Le village est noir de monde. Nous éprouvons les pires difficultés à le traverser. La forêt de Rambouillet est bondée. Sur la route du Stade de France, des policiers, dans le ciel des hélicoptères. Quelle escorte ! Tout ce que j'aime est réuni. Cela me rappelle les Inter Milan-Milan AC que je dispute en Italie. Un raz de marée nous submerge et nous inonde de frissons. Sur la bretelle d'autoroute, les klaxons se répondent. Il y a des caméras partout, la circulation est bloquée, les gens descendent de leur véhicule et nous applaudissent. Ils nous encouragent, courent derrière nous, au milieu des pots d'échappement. Derrière notre bus, près de deux cents motos.

Le trajet jusqu'au stade est long. Mais sacrément bon. Le périphérique est saturé. Lorsque nous empruntons le tunnel qui précède l'arrivée dans l'enceinte, un boucan magnifique envahit nos oreilles. J'adore.

J'ai hâte que la fête commence. Je le sens, nous sommes bien. Nous nous changeons dans le vestiaire. Aimé distille les ultimes consignes. L'atmosphère est bouillonnante mais sereine. Tout le groupe est concentré. Nous ne nous éparpillons pas. Au-dehors, l'agitation règne à propos de la présence ou non sur la feuille de match de Ronaldo. Nous apprendrons plus tard ses convulsions et son transport d'urgence dans l'après-midi à la clinique des Lilas pour subir des examens. Nous sommes déjà dans la partie, rien ne vient nous perturber, pas même le mystère Ronaldo, mon ami.

Dans le couloir, avant l'entrée en scène, les Brésiliens se tiennent par la main, montrant combien ils sont unis. C'est beau. Comme leur maillot jaune et vert. Nous sommes contre le mur. Sûrs de nous. Ça peut paraître étrange, mais j'ai la sensation de planer au-dessus d'eux. Favoris, ils ont remporté quatre fois la Coupe du monde et disposent, hormis Romario supplanté par Ronaldo, de l'équipe couronnée en 1994 aux Etats-Unis contre l'Italie. Et pourtant, nous flottons.

Ces géants brésiliens, nous les dépassons de plusieurs têtes. Notre aura, à ce moment-là, est mille fois plus saisissante que la leur. Nous dégageons une telle puissance. Personne ne transpire la peur. A force, on se connaît par cœur. Fabien, même s'il fait des conneries pour dédramatiser et évacuer la pression, on sait dans quel état il se trouve. Idem pour Marcel. On voit s'il fait le costaud parce qu'il l'est véritablement ou par crainte de montrer un petit signe de défaillance. Quand nous martelons la pelouse de nos crampons, en mon for intérieur, j'ai la certitude que le match est plié.

Je revois rarement nos rencontres. J'ai fait une exception pour le Brésil, l'une des plus maîtrisées et abouties que nous ayons jouées. On constate que la symphonie est parfaite. Techniquement et tactiquement, nous sommes au nirvana. Le match démarre en trombe. Tac-tac, ça file vite. Trente secondes à peine et j'alerte Guivarc'h, à la lutte avec Junior Baiano. Cinquième minute, je récupère le ballon aux quarante mètres et adresse une transversale pour Guivarc'h. Un caviar. Il se retrouve seul devant le gardien, Claudio Taffarel. Mais il rate la cible. Malgré ça, nous ne cogitons pas. Nous sommes dans le rythme. L'enjeu ne nous paralyse pas. Nous récitons notre gamme, nous jouons libérés. Tout coule naturellement. Les jambes ne sont pas lourdes. Nous nous replaçons correctement, nous sommes agressifs, avec toujours deux joueurs sur le porteur du ballon. Nous les étouffons, ils ne parviennent pas à développer leur jeu. Nous emballons le match de manière idyllique.

Cette victoire est la récompense d'une somme de détails. Depuis deux ans, nous sommes programmés pour cette XVIe Coupe du monde. Face au Brésil, nous déroulons les combinaisons apprises, répétées à l'envi, voire les coups francs de Roberto Carlos, étudiés sur cassette. Nous avions en mémoire son boulet de canon en 1997 à Lyon au Tournoi de France, face à nous. Pour gêner ce gaucher dans sa course, je me mets sciemment à côté de lui. Histoire de le perturber, de le couper dans son élan, lui qui prend neuf mètres de recul avant de frapper. Pendant ce bref intermède, je marche devant lui, je m'évertue à hacher sa trajectoire. Je suis là, je ne le lâche pas. Sur les touches aussi. Les conseils d'Aimé sont précieux.

La première libération survient avec le corner de Manu. Zizou étale toute sa rage dans ce ballon, fait jaillir l'envie, la force qui l'anime. Il n'a pas besoin de sauter haut pour le catapulter dans la cage. Sur le second, que je lui adresse d'une frappe rentrante, le capitaine brésilien, Dunga, reste scotché. Le ballon passe entre les jambes de Roberto Carlos. Là encore, Aimé a été visionnaire, relevant que les Brésiliens étaient inattentifs au marquage sur les coups de pied arrêtés et qu'il convenait d'en profiter. Des prophéties de ce genre, il n'en a pas été avare. A chaque fois, il visait juste.

A la mi-temps, nous disposons de deux buts d'avance. Dans le vestiaire, ça gueule un peu. Fabien crie : « On ne lâche rien, les gars ! » Didier nous demande de ne pas baisser les bras. Parce qu'il croit vraiment que nous allons faiblir à cet instant ? Tout le monde est à cran. Pendant trois minutes, le climat est électrique. L'euphorie ne retombe pas, l'agacement perce. Aimé, intelligemment, ne dit pas un mot. Il laisse les esprits s'apaiser. Puis assène : « Plus un mot.

Je ne veux plus entendre personne. » Il attend que nous nous asseyions, que nous buvions, que nous récupérions. Il ne prend la parole qu'à cinq minutes de la reprise. A l'heure de jeu, nous conservons le cap. Mais, à la 68e, Marcel, déjà averti, est expulsé pour un tacle irrégulier. Aimé réorganise à la hâte son dispositif et fait reculer Manu en défense centrale. Sept minutes plus tard, je cède la place à Patrick Vieira, un milieu défensif. J'observe le spectacle du banc, un poste d'où l'on souffre davantage qu'en galopant sur le gazon.

Nous jouons les dernières secondes quand Christophe Dugarry décale Pat, lequel sert Manu. Et mon copain, avec qui j'ai joué à Monaco, marque d'un tir croisé au terme d'une course échevelée le troisième but, le millième de l'histoire des Bleus. A 22 h 54, coup de sifflet final du Marocain Saïd Belqola. Nous rentrons tous sur le terrain. Je fonds sur Manu, je l'étreins. Le Stade de France s'embrase mais nous n'entendons pas les 78 000 spectateurs en liesse. Dans le pays, ils sont plus de vingt millions rassemblés devant leur poste, un record. Nous sommes sur une autre planète, la planète Bleue. La Coupe du monde est à nous. Il ne reste plus qu'à aller la chercher dans la tribune officielle. J'aime quand il faut fendre la foule pour recevoir un trophée. Quand il est décerné au milieu de la pelouse, cela n'a pas le même relief. En montant les escaliers, les gens m'attirent à eux par le cou et me couvrent de baisers. Moi, je ne quitte pas la Coupe d'un cil. Je suis impatient de la brandir dans le ciel. Didier voulait que nous respections un ordre de passage devant le président de la République. Sur le moment, je m'en soucie comme d'une guigne. Je suis avec mon pote Vincent Candela. Ailleurs, aussi.

De retour au vestiaire, je file dans celui du Brésil échanger mon maillot avec Ronaldo, comme prévu. Mario Zagallo, le sélectionneur aux quatre étoiles (deux victoires comme joueur, deux en tant que membre du staff), m'ouvre la porte. Il me félicite. Ronnie aussi. Il n'invoque pas son étrange après-midi comme excuse. Il estime surtout scandaleux de prendre ainsi deux buts de la tête. « Zidane n'a même pas eu besoin de sauter. Il n'y avait personne au marquage. Défensivement, on n'a pas été bons », fulmine-t-il. Il est écœuré, mais ajoute : « Vous le méritez, vous avez été super forts. » Je rejoins mes partenaires avec le maillot de Ronaldo autour du cou. J'ai aussi ma médaille de champion du monde. Je suis sur mon nuage, et n'en suis jamais redescendu.

Cette joie, je la partage avec ma famille. J'ignore comment ils ont fait mais ils ont tous réussi à franchir les contrôles. Ils m'attendent devant la porte du vestiaire, viennent de croiser le président Chirac. Je sors torse nu, en agitant la Coupe du monde. Je suis hilare. Il y a tout le monde. Sophie, ma femme, Jean et Marie, mes parents, Denis et Misha, mes frères, leurs épouses, mes cousins, quelques proches. Nous embrassons le trophée. Nous posons pour la photo. Elle est accrochée en grand, façon poster, chez nous, à Décines.

La nuit du titre est festive. Intime, aussi. Aimé et l'encadrement agissent subtilement. Plutôt que chacun parte faire la fête dans son coin après deux mois passés ensemble, ils proposent de prolonger l'euphorie à Clairefontaine, accompagnés de nos épouses. Le retour s'avère épique. Nous mettons des heures à regagner notre camp de base, tellement la foule est oppressante. Aimé indique à Stéphane Meunier, l'auteur du documentaire « Les Yeux dans les Bleus » : « Stéphane, c'est fini, tu ne filmes plus, tu ne prends pas de photos. Cette soirée est à nous, elle nous appartient. » Le champagne coule à flots. Le dîner puis la soirée sont bien arrosés. La Coupe trône au milieu de la piste. Nous dansons comme des fous. Aimé est le roi du paso doble. Tous les joueurs finissent torse nu. Je m'empare du micro, je mène le bal. J'improvise des chorégraphies russes, accomplissant quelques pas de kazachok. La nuit est blanche. Mais somptueuse.

Le lendemain du sacre, la une de *L'Equipe* me montre agenouillé, les yeux mi-clos, les poings serrés et tendus vers Zizou, de dos, qui glisse sur l'herbe dans ma direction. Manu est debout, les bras en croix. Instantané de notre joie sur le deuxième but. Plus de 1,6 million d'exemplaires s'arracheront, soit la plus forte vente de la presse quotidienne depuis la guerre. Cette photo d'Alain de Martignac est extraordinaire. Symbolique, aussi. Elle fait émerger dans mon esprit le moment où Aimé nous a convoqués avec Zizou, avant l'Euro 96, pour nous dire combien il comptait sur nous. C'est notre réponse. Aimé nous a transmis sa force. Devenue la nôtre. Sans doute ne possédions-nous pas les onze meilleurs joueurs du globe. Mais c'étaient les onze, les vingt-deux plutôt, qu'il fallait. Cette équipe est ce qu'elle a voulu être. Elle s'est bâtie au fil des ans, se donnant les moyens d'assouvir ses ambitions. Sur la pelouse, nous étions tactiquement les plus clairvoyants, capables d'analyser la situation en dix minutes, de changer quasi instantanément de schéma de jeu, comme lorsque la Croatie a ouvert la marque en demi-finale. Cette photo de *L'Equipe*, je l'ai souvent dédicacée. Elle a fait le tour du monde. Il y a peu, dans un bar à New York, un copain m'a emmené dîner. Et il y avait cette image accrochée au mur.

Ce 12 juillet a tout balayé, tout emporté sur son passage. Après cette victoire, je n'ai plus jamais été le même. Elle m'a transformé. Dans une vie, on ne goûte qu'exceptionnellement ce type d'aboutissement, ce moment unique. Le mariage, les enfants : ça s'entretient, ça se vit. Professionnellement aussi, on peut toujours continuer à développer son entreprise. Avec la Coupe du monde, impossible de faire mieux. En plus, inconsciemment, cette épreuve m'a toujours servi de fil conducteur. Ma rédaction d'élève prémonitoire, la participation de mon père au Mondial 1966 : c'était enfoui en moi.

⁂

Le défilé sur les Champs, debout sur le bus à impériale sous les yeux illuminés de 500 000 personnes, la garden-party à l'Elysée au son de « Et un, et deux, et trois-zéro », la remise de la Légion d'honneur quelques semaines plus tard, j'ai savouré tout cela. J'étais bien tant que ça restait dans le contexte de l'équipe de France. Mais, hors de ce cocon, j'étais désorienté. L'ampleur du phénomène nous a dépassés. Au fil des matches, nous sommes devenus le symbole de « la France qui gagne ». La population s'est identifiée à l'un ou à l'autre de nous. Ils ont vibré avec nous, se sont reconnus dans cette équipe, aux couleurs différentes, aux origines diverses. Les commentateurs de tous bords ont parlé de la victoire d'une France black-blanc-beur. Réducteur. Stupide. La France, c'est la France. Le pays forme un ensemble. Pourquoi le segmenter, le découper en tranches ?

Nos mentalités, nos caractères, nos spécificités physiques : nous avons été scrutés et décortiqués dans tous les sens. Je me donnais parfois l'impression d'être un personnage. Je n'étais plus un footballeur mais un héros français. Un enfant de la patrie. Fière et reconnaissante. Nous avons touché toutes sortes de public. De retour à Décines, il était illusoire d'escompter faire un pas dans la rue sans être klaxonné, hélé. Les gens s'arrêtaient à mon passage, me saluaient sans modération. La ville a organisé une cérémonie, une fête en mon honneur, au stade. J'ai été présenté à la mairie, au balcon, applaudi par 5 000 personnes. Il y avait aussi ma photo, placardée sur plusieurs mètres par la municipalité. Bien sûr, ces attentions flattent l'ego, emplissent de fierté. Mais l'après-12 juillet a été dur à vivre. Loin des copains, avec qui je venais de passer deux mois en vase clos, tendu vers un objectif commun, j'ignorais comment faire pour parler. M'exprimer devenait un calvaire. Avec les joueurs, nous nous comprenions d'instinct, les conversations étaient réduites au strict minimum.

A Décines, je ne consentais plus à voir qui que ce soit. Impossible de sortir de mon univers, désespérément cloîtré. Il m'a fallu entreprendre un travail farouche sur moi-même. Pour ma femme et mes enfants, je le sais, ce fut une période délicate. Pendant un mois, je me suis montré irascible. J'étais capable de rester des heures, seul, sans qu'aucun son ne s'échappe de ma bouche. Cela a été violent. Revenir à la vie réelle a été brutal, féroce. J'étais devenu muet. Communiquer exigeait des efforts incommensurables. J'étais désarçonné, dépouillé de mes repères. J'étais chez moi, et je ne me sentais pas bien. Je n'arrivais plus à respirer. J'avais besoin d'air, d'espace, de vide. J'ai dit à Sophie : « Partons avec les enfants. » Nous sommes allés à Ibiza. Aux Baléares, je n'ai rien compris. J'allais en boîte escorté de gardes du corps. Dans le moindre lieu, il fallait accéder par l'entrée de service. J'étais perdu, je ne savais plus où j'habitais. Quelles vacances horribles.

J'ai expliqué à Sophie que nous devions nous en aller tous les deux au bout du monde. Elle a compris mon besoin impérieux. A l'agence de voyages, j'ai réclamé le site le plus loin, le plus isolé et le plus exclusif. La Polynésie française. Vingt-quatre heures de vol. D'habitude, je prépare consciencieusement mes vacances, je ne laisse rien au hasard. Pas cette fois. Nous avons atterri à l'aéroport de Papeete à

5 heures du matin. C'était à peine croyable : cinq cents personnes nous ont accueillis à la descente de l'avion, avec des colliers de fleurs. Sophie a craqué. Elle s'est effondrée en larmes. Nous avons rejoint Bora Bora. De nouveau, un monde fou sur la piste, pressé de dégainer les appareils photo. J'avais réservé dix jours. Nous n'avons pas tenu. J'étais mal dans ma peau, je ne m'appartenais plus. Et toujours aucun mot qui ne sortait. Denis m'a appelé pour prendre des nouvelles. Lui partait trois jours plus tard à Las Vegas avec Misha et Raffy, mon cousin. L'avant-veille de notre départ, j'ai précisé à Sophie que je ne rentrerais pas avec elle. Nous nous sommes quittés à Los Angeles. Elle s'envolait vers Paris, moi pour le Nevada. Dans le taxi qui m'a mené à l'hôtel, je portais des coquillages autour du cou et mon chapeau de paille. On aurait dit un fou. Cette escapade m'a rasséréné. Avec mes frères, j'ai oublié tout le reste. Enfin, le sas de décompression s'est ouvert. Après, seulement, je suis redevenu sociable. Les vingt et un autres Bleus ont probablement aussi ressenti du mal à communiquer, les semaines suivant notre victoire.

Ces virées entre frères, auxquelles se greffent en général Raffy et Jean-Paul Minassian, mes cousins, me sont indispensables. Nous avons besoin d'être ensemble. C'est notre côté arménien, comme lorsque nous partions en colonie de vacances. Ainsi, chaque année depuis sept ans, nous nous efforçons de nous réunir une poignée de jours. Juste nous. Nous réservons deux chambres communicantes. Et nous passons notre temps à plaisanter. Nous nous sommes creusé les méninges et nous avons déniché notre destination fétiche : Vegas, la capitale mondiale du black-jack, du poker et des bandits manchots. Nous n'allons pas à Sin City pour frimer ou nous ruiner sur le Strip. Simplement, nous nous amusons comme des ados dans cette cité démesurée, ouverte jour et nuit. Là-bas, personne ne nous dévisage. Nous en profitons pour nous lâcher un peu, au casino notamment. Il faut admettre que j'ai des fous furieux autour de moi. Ça fuse encore davantage quand la bande est réunie. J'aime ces moments. Il n'y a ni les parents, ni les enfants, ni les femmes. C'est à nous, rien qu'à nous.

Avec eux, je suis moi. Je ne joue pas. Avec les médias, en revanche, j'ai appris très tôt à me protéger, à instaurer une certaine distance. Je leur ai donné ce que j'ai voulu. Je me suis créé ma propre bulle, à l'intérieur de laquelle les miens et moi étions protégés. Pas un article n'est parvenu à me déstabiliser. Je suis ce qu'on appelle un bon client car j'anticipe ce que le journaliste me demande. Je réponds aux questions, sans trop me livrer, sans tricher non plus. Je me suis façonné un personnage et je m'y suis tenu. Je ne fais pas une fixation sur le regard des médias, leur observation. Bien sûr, je n'ai pas été épargné. On a taxé mon jeu d'égoïste, d'individualiste. Suis-je un numéro 9 ou un 9 1/2 ? Un milieu offensif ou un attaquant ? Eternel débat. La presse n'arrive pas à me fixer, à me confiner dans une catégorie. Tant mieux. Je refuse d'être capturé. La liberté n'a pas de prix.

Mon attitude ne change pas selon que je me trouve en famille ou dans la surface de réparation. Quant à ma position, elle n'est pas purement celle d'un avant-centre. J'effectue un harassant travail de fourmi et, dès que j'ai une cartouche, je la mets dans le mille ! C'est ma force. Les critiques ne m'atteignent pas. Si j'avais écouté tout ce qui s'est écrit sur moi, je me serais exilé depuis longtemps sur une île déserte. Ma priorité consiste à faire passer le message sur le terrain. C'est la seule vérité qui compte.

Briller sur un terrain suffit à étancher ma soif de reconnaissance. Les faits sont là. Les victoires, les statistiques me servent de justificatif. Il aurait été indécent d'en rajouter. Sincèrement, je n'ai jamais été en représentation. Je ne suis pas du genre à entreprendre du lobbying, à prêcher pour ma paroisse. Mes buts parlent à ma place. Mes matches, aussi. Mon désir de vaincre, surtout. Les commentaires, je les ignore. Je n'avais pas envie de gaspiller mon énergie à essayer de discuter. Les miens ont davantage souffert des critiques. J'en faisais abstraction, pas eux. Ils le vivaient différemment. Mon père s'agaçait parfois, se demandant si le journaliste était réellement au match. Je m'employais à le calmer. Bien sûr, j'aurais pu être lisse, tant dans mon jeu que dans ma personnalité. Mais cela n'aurait pas été moi. Finalement, un jour, mon père m'a assuré : « Que l'on parle de toi en mal ou en bien, le plus fondamental est que l'on parle de toi. » Je ne laisse pas indifférent. Les avis sont en général tranchés. Je cultive aussi ce côté imprévisible. Il n'est pas dans ma nature d'aller dans le sens que les gens espèrent.

Mon image ne m'a jamais échappé. Elle demeure sous contrôle. Les publicitaires s'y sont intéressés. Je n'ai pas attendu notre titre mondial pour être sollicité. J'ai refusé énormément de propositions, optant pour des produits véhiculant un message qui me correspondait, avec lequel j'étais en adéquation. Un jour, un annonceur m'a suggéré de me mettre en maillot de bain sur la plage pour un tournage. J'ai dit non. Je ne suis pas un touriste ! David Ginola, Eric Cantona et Jean-Pierre Papin ont ouvert la voie en faisant de la réclame pour des marques dépassant le cadre sportif. Dans ma génération, j'ai été l'un des précurseurs. Certains étaient encore en jogging qu'on me payait pour des reportages photo en famille ! Nous en parlions librement au sein des Bleus. On me demandait conseil. J'ai partagé et fait profiter de mon expérience, par exemple concernant les contrats de chaussures. Je portais des Lotto. Autant dire qu'Adidas, en devenant l'équipementier de l'équipe de France, a eu du mal à le digérer.

Après la Coupe du monde, Denis, mon frère et agent, a reçu un nombre incalculable de propositions. Une preuve supplémentaire de notre succès. Cette onde de choc ne s'est jamais démentie. En 2004, je jouais à Bolton. Nous venions de disputer quelques matches amicaux de pré-saison dans le golfe Persique. J'avais effectué le vol Dubaï-Rome avec mes partenaires. Puis, j'ai continué vers Nice retrouver les miens. Dans l'avion, assises devant moi, une grand-mère de Juan-les-Pins et sa copine. Pendant le trajet, la mamie se retourne dans ma direction, me dévisageant d'un air faussement distrait. Je ne réagis pas, je la laisse venir à moi. A l'aéroport Nice-Côte-d'Azur, tandis que nous attendons nos bagages au tapis roulant, elle me lâche : « Ecoutez, monsieur, je m'excuse de vous importuner mais je suis sûre de vous connaître. » Je rentre dans le jeu, répondant : « C'est possible. Peut-être, je ne sais pas. » La conversation s'engage.

— Vous n'habiteriez pas Juan-les-Pins, par hasard ?

— Non.

— Où habitez-vous, alors ?

— Sur la Côte.

Elle insiste, n'en démord pas. Elle cligne des yeux pour mieux me contempler, essuie ses verres. Puis reprend, couvée par son amie :

— Mais vous ne travaillez pas dans ce restaurant de Juan, que je fréquente ?

— Non, madame. Ça m'arrive d'y aller mais je ne travaille pas là-bas.

— Alors vous tenez la caisse de la supérette près de chez moi. Ou dans le magasin de mode en face ?

— Non, non, toujours pas.

— Vous faites de la télévision, c'est ça ? Vous présentez une émission, exact ?

— Non, franchement non.

Elle réfléchit, je souris.

— Ça y est, j'ai trouvé. Vous êtes le jardinier de ma résidence...

— Désolé de vous contredire. J'aime bien les plantes mais je ne suis pas jardinier.

— Voilà, ça me revient maintenant. Vous êtes mon nouveau facteur, j'en suis certaine. Vous venez de remplacer ce vieux Fernand.

— Encore niet. Non, je ne suis pas facteur.

Je l'ai sciemment laissée se creuser les méninges. Et je crois qu'elle cherche encore ! Cette dame devait bien avoir 70 ans sonnés. Elle a dû nous découvrir en 1998, six ans plus tôt. Elle n'arrivait pas à m'identifier mais je lui rappelais quelqu'un. Je faisais partie de son univers. Elle me comparait à son facteur, une personne qu'elle croise au quotidien. Nous faisons partie du patrimoine du pays. La France nous considère comme des membres de la famille.

Nous avons marqué le pays d'une empreinte indélébile. Même s'ils ne parviennent pas toujours à poser un nom sur notre visage, les Français de tous âges nous associent à un bonheur. Qui n'a pas suivi la finale du Mondial ? Lorsque je rencontre des gens en voyage, ils me confient des bribes de leur existence. Et toujours soulignent avec émotion ce qu'ils faisaient le 12 juillet. Cette conscience d'avoir marqué les gens est jouissive. Ils se sentent tellement proches de nous qu'on nous aborde avec familiarité, sans gêne ni pudeur. Il n'y a pas de barrière. Et je suis prêt à parier que ce sera pareil dans vingt ans. La victoire sera en nous pour toujours.

Ce changement de statut ne m'est pas monté à la tête. Grâce à mon père, j'ai très tôt compris ce qu'était la médiatisation. De mon point de vue, ce titre de champion du monde ne sert pas juste à voir sa photo dans *Gala* ou *Voici*. Il permet d'approcher des personnalités dans des conditions idéales car uniques. J'ai aimé causer foot un quart d'heure avec Bono, le chanteur du groupe U2. Un soir dans un restaurant à Paris, je suis allé confier au comédien Jean-Pierre Bacri combien j'aimais son univers. Il a rétorqué : « C'est réciproque. Mais je n'osais pas me lever pour vous le dire. » J'ai ajouté : « C'est bête, on serait restés deux idiots, rivés à notre table. Et puis je suis plus jeune, il est légitime que je fasse l'effort ! » Une autre fois, Gérard Depardieu a traversé la salle pour me saluer.

Je ne suis dupe de rien mais je savoure. Je sais aussi qu'être champion du monde rend beau. Avec le trophée en poche, il est même permis de se promener en jogging, les filles trouvent cela sexy. Elles ont commencé à remplir les stades à partir de 1998. Les rapports de séduction sont désormais faussés. Avec Sophie, j'ai eu la chance de rencontrer la bonne personne au bon moment. Je m'en félicite. Je ne nie pas que le côté charme est agréable. L'aspect strass et paillettes, à condition de le vivre pleinement, a même du bon. En 2001, Michel Denisot, qui fut mon président à Paris avant de reprendre ses activités sur Canal + au titre de directeur général, m'a proposé la montée des marches au festival de Cannes. J'ai l'habitude de la foule, Sophie moins. Je lui ai proposé : « Vivons-le comme un conte de fées. Si nous devons accepter, faisons-nous plaisir. Sinon, ça ne sert à rien. » Il fallait dédramatiser l'événement. Nous avons joué le jeu, sans nous prendre pour quelqu'un d'autre.

Cette montée des marches, nous l'avons aussi partagée avec Ronaldo, mon partenaire de l'Inter. Je lui avais demandé de venir avec nous. Il était enthousiaste et a dit oui tout de suite. A l'hôtel, à Cannes, des professionnels ont débarqué dans la chambre pour faire essayer les bijoux à Sophie. Je me suis habillé chez Armani, dont je connaissais la famille à Milan. En robe et smoking, suivis de Ronaldo, nous avons escaladé le tapis rouge tout sourire, sous le crépitement des flashes. Un moment magique.

Cette expérience unique valait le détour. La soirée qui a suivi la projection et le dîner se sont résumés à une grande partie de rigolade. La foule était si dense que nous avons dû monter dans un fourgon de CRS pour traverser la Croisette. Les policiers nous ont prêté leur casquette. Il y avait Sophie, Ronaldo, Leonardo, l'international brésilien et ancien du PSG, sa femme et moi. Alors que le fourgon s'apprêtait à démarrer, quelqu'un a frappé avec insistance à la porte. « Attendez-moi, attendez-moi », criait une voix. C'était Jamel Debbouze. Il n'avait pas encore la notoriété actuelle mais possédait déjà sa gouaille, son bagou et son humour. Comme il était sympa, et nous aussi, nous l'avons embarqué. Ronaldo n'avait jamais entendu parler de lui. Mais il se souvient encore de Jamel...

CHRISTOPHE DUGARRY

« Youri sait être attachant et donner l'impression d'être copain avec tout le monde tout en gardant son indépendance et ses secrets. Même si je connais ses parents et son épouse, une femme adorable, je ne suis jamais allé chez lui. J'apprécie son côté franc du collier et sa simplicité. Il ne dit jamais de mal de personne et déteste les embrouilles. Je pourrais sans problème partir en vacances avec lui, ce qui n'est pas le cas avec tous les gens du milieu. S'il m'invite à New York, je fonce. Il m'avait d'ailleurs proposé de tenter ma chance avec les MetroStars.

J'ai rarement connu sur le terrain quelqu'un d'aussi déterminé. Il ne laisse rien transparaître de ses émotions et, quand il faut marquer, il est là. Il possède ça en lui. Je ne suis pas étonné de sa réussite à New York malgré ses 38 ans. Le but est son obsession, la surface son royaume. Tant que le ballon n'est pas au fond, il ne désarme pas. C'est lié à sa façon de jouer au football. Certains l'ont taxé d'égoïste ou de personnel, je ne suis pas d'accord. S'il n'adresse pas une passe à son partenaire, c'est qu'il estime pouvoir s'en tirer seul, comme David Trezeguet. D'autres, plus pernicieux, forcent leur passe afin qu'on soit obligé de leur remettre le ballon. Ce n'est pas le cas de

Youri. Je ne jalouse pas sa précision devant le but mais je reconnais qu'il est très fort.

En équipe de France, sa force de caractère se traduisait aussi dans des interviews accordées à la presse, avec des déclarations savoureuses, du genre " Qui attaque mieux que moi ? ", " J'ai créé le système Jacquet " ou " Je vais marquer ". De la sorte, il se met en danger. Mais il assume et, le lendemain de ces parutions, Youri plante ! Les épreuves glissent sur lui. C'est un don qu'il ne cesse d'entretenir. »

10

Label Bleu

L'union sacrée entre les Bleus n'est pas une comédie. C'est de l'amitié, de la vraie. Sans artifice. Pas besoin de s'appeler chaque semaine pour le démontrer. Si demain je rencontre un grave problème, je sais pouvoir compter sur l'indéfectible soutien des joueurs de l'équipe de France. De même que moi, je serai présent pour eux. Les copains, ce n'est pas seulement quand tout va bien. Ce que nous avons réalisé est gravé dans le marbre. Le club France est soudé, uni dans la réussite comme dans la souffrance. Parmi les champions du monde, Marcel Desailly figure parmi ceux dont je me sens le plus proche. Question de génération, sans doute.

Avant de nous lier, nous nous sommes observés. Nous nous respections, sans plus. Dans notre parcours, tout nous oppose : il est passé par le centre de formation du FC Nantes, a joué à Marseille et au Milan AC ; j'ai démarré tout en bas, évolué au PSG et à l'Inter Milan. D'habitude, je suis plus enclin à sympathiser avec les gens réservés. Marcel, par sa prestance, est plutôt exubérant. Mais je ne l'ai jamais jugé. Plus tard, nous avons appris à nous connaître. Il sait tendre l'oreille. Une qualité rare. J'aime son caractère, son intelligence, sa sérénité, sa façon d'assumer son jeu. Lorsque nous jouions l'un contre l'autre, nous ne nous faisions aucun cadeau. Avant un match de championnat, en Italie, il était du genre à me glisser : « Bon, dans le couloir, on ne se parle pas. OK ?

— D'accord, Marcel, pas de problème, on se retrouve après. » Il ne voulait pas montrer à ses partenaires que nous nous appréciions, au point qu'il refusait presque de me serrer la main !

En équipe de France, nous discutons de tout : nourriture, vin, voyage. Sur la famille, nous possédons la même vision. S'en occuper est quelque part notre mission, notre devoir. Souvent il me voit en compagnie de mes frères et trouve extraordinaire leur présence régulière. Peut-être que cela lui manque. Son demi-frère, Seth Adonkor, joueur professionnel de Nantes, de huit ans son aîné, s'est tué dans un accident de la route en novembre 1984. Marcel et moi sommes deux solitaires très entourés. Nous sommes forts mais seuls. Nous avons ce côté à la fois sauvage et chef de bande, presque de clan, cette même capacité à réunir et entraîner les gens.

L'amitié se place sur un autre plan avec Vincent Candela. Lui, je l'adore. Sa joie de vivre, son sourire. Au même titre que Mickey Madar à l'Euro 1996, il est important pour le groupe. Son registre est plus étendu. En équipe de France, il doit se contenter de quelques bouts de matches, compte tenu de la concurrence exacerbée en défense. C'est un vrai beau joueur, très estimé dans le Calcio, même si le grand public le connaît surtout comme celui qui, dans le vestiaire, a remis au goût du jour le morceau de Gloria Gaynor, *I will Survive*, devenu notre hymne. En janvier 1999, l'ex-reine du disco débarque à Marseille pour chanter son tube avant un match amical face au Maroc. Je m'approche et lui lance : « Oh, s'il vous plaît, venez donc par ici. » Puis je lui désigne Vincent : « Si vous avez votre disque d'or, c'est grâce à lui. Alors il faut lui dire merci. » Elle : « Yeah, yeah, super. Thank you. » Ensuite, au hasard des couloirs, j'attrape l'agent de l'Américaine. « Et son cadeau, alors, vous ne le lui avez toujours pas envoyé ? Vincent a relancé sa carrière, ne l'oubliez pas. » Puis, toujours pour rigoler, j'ajoute : « Alors, à combien se chiffre notre pourcentage sur les ventes ? »

La victoire en Coupe du monde nous a définitivement rapprochés et soudés. C'est la raison pour laquelle, le groupe étant presque inchangé, nous avons sereinement accepté le départ d'Aimé Jacquet, après 53 matches pour 34 victoires, 16 nuls et 3 défaites seulement. Sacré bilan. Roger Lemerre, son adjoint le plus proche, était un successeur tout désigné. Depuis qu'il est directeur technique national, j'ai moins l'occasion de croiser Aimé. Un jour, je rencontre sa femme. Elle me souffle, dans le creux de l'oreille : « Vous savez, je vous aime bien. Et mon mari aussi. »

Avec Roger, la transition s'opère en douceur. Il connaît notre fonctionnement, s'y adapte. Notre premier coup d'éclat avec lui date de février 1999, en amical, à Wembley. Nous l'emportons chez les Anglais grâce à un doublé de Nicolas Anelka. Gagner dans ce temple, sur cette pelouse où mon père associé en défense à Roger Lemerre avait encaissé cinq buts en 1969 face aux champions du monde en titre, relève de l'exploit. Il suffisait de nous dire que c'était impossible pour que nous renversions le cours des choses. Ce soir-là, la qualité de notre jeu est exceptionnelle. De retour à Milan, j'ai pu mesurer combien nous avions impressionné la planète. Les Italiens, les Brésiliens, les Chiliens du club n'en revenaient pas. Ils étaient soufflés, bluffés. Quant aux Anglais, ils en font encore des cauchemars.

Je suis content de la réussite de Nico. Par des petits mots, des phrases, des attitudes, j'essaye de le décontracter. Je me comporte ainsi avec la plupart des jeunes qui arrivent en sélection car je sais combien ce n'est pas évident. Après notre succès, Didier déclare que nous avons trouvé notre Ronaldo en la personne de Nico. Il incarne alors ce qui nous fait défaut : un avant-centre spécifique. Il coulisse à merveille dans notre système de jeu, nous donne la profondeur que nous recherchions en s'appuyant sur notre milieu de terrain. C'est le bon mec à la bonne place au bon moment. Sur ce match, il prouve qu'il a la trempe pour s'imposer chez les Bleus. Nico a toujours été bien avec nous. Il est aimé. Malgré l'image sulfureuse qu'il peut véhiculer à tort – sa timidité étant prise pour de l'arrogance –, il s'agit d'un garçon discret et tranquille. Exactement comme nous les aimons en équipe de France. Les grandes gueules, chez nous, ne restent jamais très longtemps ; elles s'éliminent d'elles-mêmes. Les Bleus forment une équipe de bosseurs, dotés d'une mentalité exemplaire. Nico possède, indéniablement, le caractère qui convient pour s'intégrer. Je suis ravi que Raymond Domenech l'ait rappelé en sélection après trois ans et demi sans la moindre convocation.

Si notre prestation est remarquable en Angleterre, elle est plus nuancée au cours des éliminatoires de l'Euro 2000. Nous patientons jusqu'à la dernière journée des qualifications pour obtenir la première place grâce à une double circonstance : une victoire sur le fil contre l'Islande (3-2) au Stade de France et le nul de la Russie à Moscou face à l'Ukraine, sur une bévue de leur gardien à trois minutes de la fin. Je termine meilleur buteur des Bleus. Bien sûr, nous avons peiné pour nous qualifier. L'adversaire était doublement motivé à l'instant d'affronter les champions du monde. Les Bleus ont fait preuve de sérieux dans leur parcours, puisant dans leurs ressources mentales pour ne pas rompre la dynamique et virer en tête. Et puis, historiquement, les qualifications de l'équipe de France n'ont jamais été aisées.

De ces éliminatoires, je me rappelle principalement un incident, survenu le 5 juin 1999. Au Stade de France, quelques jours avant un déplacement à Barcelone pour se mesurer à la principauté d'Andorre, nous accueillons la Russie. Les arrêts de jeu sont déjà largement entamés. Sur une action, je crie après Robert Pires et, d'un coup, je m'effondre. J'ai les jambes coupées. Je perds connaissance sur la pelouse.

J'ai très peur. Je me vois mourir. Je suis étendu sur le sol et je n'arrive plus à respirer. J'essaie, je me dis « Vas-y, Youri, respire, respire ». Je ne sais plus comment faire. Je suis évacué sur une civière, Alain Boghossian me remplace. Un médecin me fait passer une batterie de tests, ils sont rassurants. Le lendemain, nouveaux tests. Et là, je dors vingt-quatre heures d'affilée. De retour à la maison, je suis livide. Depuis, je suis claustrophobe. Et j'ai le vertige. Dès que j'éprouve du mal à respirer, je repense à cet épisode. J'ai vraiment eu peur. Peut-être est-ce une crise de fatigue, les nerfs qui ont lâché après deux chocs au cou reçus face aux Russes.

Mais à l'Euro, organisé conjointement par la Belgique et la Hollande, je suis là. Notre camp de base, le château du Lac, à Genval, près de Bruxelles, est un havre de tranquillité. Sportivement, cet Euro est encore plus fort que le Mondial. Le niveau culmine très haut, les stades sont pleins, les scenarii des matches incroyables de suspense. Que du bonheur. Il y a aussi l'engouement de nos supporters. En France, l'ambiance était plus feutrée, tellement les stades étaient remplis d'invités. Cette fois, cela se déroule hors du pays. Pour nous applaudir, un effort s'impose. Nos fans se déplacent en meute, préparent scrupuleusement leur expédition, réservent leur billet à l'avance. Les tribunes aux couleurs bleues nous réchauffent le cœur.

Cet Euro se résume pour moi à une immense partie de rigolade. Nous passons notre temps à nous marrer. Du matin jusqu'à tard dans la nuit, nous discutons, nous plaisantons. Je savoure d'autant plus qu'être ici est, pour moi, presque inespéré. La faute à une blessure contractée avec mon club de Kaiserslautern. Cette déchirure musculaire à la cuisse droite m'a tant fait souffrir. Au mois de mai, les Bleus étaient réunis en stage à Tignes. Non convié compte tenu de mon état, j'ai tout de même appelé le doc. La douleur ne s'estompait pas, la blessure cicatrisait mal. Il m'a invité à aller le voir et, les Allemands ayant donné leur accord, j'ai foncé les rejoindre en voiture. Examen clinique, échographie, soins. Le staff médical, et notamment Albert Gall, le kiné, ont fourni un boulot épatant. Jour et nuit, ils m'ont dorloté. Un nouveau claquage et adieu l'Euro. Jean-Marcel Ferret a fait venir de Saint-Etienne une machine ressemblant à un marteau piqueur, qui devait me pilonner le muscle. Pendant une semaine, tandis que les autres s'entraînaient, je me suis soigné. Et j'ai regagné ma place dans l'équipe car, champions du monde ou pas, il n'existe pas de passe-droit chez les Bleus.

Sur le terrain, nous nous appliquons. Nous débutons par une large victoire contre le Danemark (3-0), précieuse pour la confiance. Roger me sort en fin de match. Face à la République tchèque, je ne suis pas titulaire. Tandis que tous mes partenaires s'échauffent, je reste dans le vestiaire. Je commence à courir, à m'étirer. Je suis avec Roger, placé à l'autre bout. Sauf que je ne le vois pas. Je me prépare à ma façon, dans le silence, sans lui adresser la parole. Je suis déjà dans le match, prêt à intervenir. Malgré l'ouverture du score par Titi, nous jouons à l'envers. Fabien réalise des prouesses dans les buts mais s'incline sur un penalty de Poborsky. A la mi-temps, Roger m'assure : « Youri, va t'échauffer, tu rentres. » Et je marque. « Il y avait une telle détermination dans son regard que je ne pouvais pas ne pas faire jouer Youri », certifiera Roger après coup. Sacrée pression sur mes épaules.

Le quart, contre l'Espagne, constitue un autre de nos chefs-d'œuvre. Collectivement, une partie énorme. L'Espagne m'a toujours plutôt réussi. Dans cet Euro, leur équipe est belle. Elle nous ressemble. Elle a rehaussé son niveau et je lui trouve un profil de vainqueur. A Bruges, le match est emballant. Je provoque un coup franc, transformé avec maestria par Zizou. Mendieta égalise sur penalty. Sur un contre, Pat Vieira part au but. Je me décale à droite, il me sert. L'instinct du buteur s'empare de moi. Contrôle, équilibre parfait, tir et lucarne. Une réalisation somptueuse. Je la célèbre en allant embrasser les remplaçants. Dans les arrêts de jeu, M. Collina accorde un penalty imaginaire à l'Espagne. Raul s'apprête à l'exécuter. Ce n'est pas juste. Pour le déconcentrer, je m'approche de lui, je passe et repasse devant le ballon, puis devant Raul. L'arbitre m'oblige à quitter la surface de réparation. Trop tard, j'ai transmis mes mauvaises ondes. Et Raul qui tire au-dessus. Nous sommes qualifiés.

Décisif contre les Tchèques puis l'Espagne, je m'attends à démarrer contre le Portugal. Roger entreprend de discuter avec moi la veille de la rencontre. « Youri, tu reviens de blessure, tu t'es beaucoup dépensé. Je dois te ménager pour la finale. » Cette version ne me satisfait pas. J'insiste, je veux jouer. Il campe sur ses positions. « Ce serait stupide que tu te blesses. En ne jouant pas la demie, tu gagnes trois jours de récupération. » Pour moi, cette décision est incompréhensible. Cependant, je ne polémique pas. Toute la seconde mi-temps, je m'échauffe. En vain. Heureusement, Zizou marque sur penalty, dans les arrêts de jeu des prolongations. J'ai vraiment eu peur qu'on ne se qualifie pas. Après le match, Roger frappe à ma porte.

— Youri, prépare-toi, il y a une finale à jouer.

— Ça fait longtemps que je suis prêt.

Je voulais jouer cette demie. Je suis un compétiteur dans l'âme. Quand je ne joue pas, je ne peux pas être heureux. Je le fais sentir. C'est une façon, en outre, de maintenir la pression sur l'entraîneur. Il sait que jamais je ne baisserai les bras, que je m'accrocherai jusqu'au bout. En cas d'élimination par le Portugal, j'ignore quelle aurait été ma réaction.

A l'identique du Mondial, ce 2 juillet, je contemple l'issue de la finale depuis le banc. L'Italie mène 1-0. Dans les ultimes secondes, Sylvain Wiltord égalise avant que David Trezeguet, qui m'a remplacé à un quart d'heure du terme du temps réglementaire, n'inscrive le but en or d'une volée du gauche. Quand il marque, il s'échappe dans un coin, ivre de bonheur. Nous le suivons spontanément d'un bond. Nous en profitons au passage pour narguer les Italiens, tétanisés sur leur banc. Cet Euro est un rêve du début à la fin. Après la Coupe du monde, la France gagne encore, à l'extérieur cette fois. Du jamais vu. Pas question de redescendre sur terre. Didier, Lilian, Liza, Marcel et Sylvain sont assis en tailleur, sur la pelouse du stade de Kuip, à Rotterdam. Nous sommes bien entre nous. Nous ne voulons pas partir. Nous avons conscience qu'une telle euphorie n'est pas près de se reproduire. Dans le même temps, ils sont 400 000 à prendre d'assaut les Champs-Elysées pour communier avec nous par la pensée. Le reste d'énergie, ils le déploient au cours d'une belle ovation à notre retour, le lendemain, au balcon du Crillon, place de la Concorde.

En juin 2001, la « génération cannibale » frappe encore, lors de la Coupe des Confédérations, en Asie. Contre les Coréens, je remplace Dugarry à un quart d'heure de la fin. Sept minutes plus tard, je marque mon 28e but en Bleu. Avec Marcel, notre nouveau capitaine depuis la retraite internationale de Didier, nous sommes les deux anciens, les deux vieux généraux. Les championnats d'Espagne et d'Italie ne sont pas encore achevés. Du coup, la sélection recèle nombre de visages neufs. Tant mieux car le groupe France, s'il paraît hermétique de l'extérieur, n'a jamais fermé la porte à quiconque. Nous vouons un respect trop vif à l'équipe nationale pour nous l'approprier. Jeunes ou expérimentés : le culte de la victoire nous relie. Nous remportons cette Coupe des Confédérations sous des trombes d'eau, à Yokohama, contre le Japon. Voilà, un trophée de plus en poche.

Le Mondial approche. Plus que quelques matches amicaux à disputer. Dont celui face à l'Algérie, au Stade de France, le 6 octobre 2001. Trente-neuf ans après les accords d'Evian, cette rencontre est censée être celle de la paix. Mais le contexte est trouble. Trois semaines plus tôt, le 11 septembre, les tours jumelles du World Trade Center se sont effondrées sous le coup d'attaques terroristes. Premier accroc : la *Marseillaise* est sifflée. J'occulte l'incident. Je me remets d'une blessure et je suis content d'être de la fête. A la mi-temps, je remplace Zizou. Au milieu de la seconde période, j'assiste, impuissant, à l'envahissement du terrain par des spectateurs alors que nous menons 4-1. Le plan Vigipirate tourne au fiasco. La partie est interrompue. Elle ne reprendra jamais. Quelle déception.

L'équipe de France s'est toujours soigneusement tenue hors des sentiers politiques. Pendant toutes ces années, nous avons écrit à l'encre bleue un message de tolérance, s'évertuant à éviter la moindre récupération. Sur le coup, je n'ai pas peur d'être bousculé par les intrus de la pelouse. Il s'agit de bêtise plus que de violence. J'ai surtout une pensée pour tous ces Algériens restés au pays ; ils devaient ressentir une telle fierté au regard de ce match. Et là, voir ces jeunes pénétrer sur le gazon, revendiquer tout et n'importe quoi, et surtout veillant à se montrer à la télévision : désolant et lamentable. A-t-on donné trop d'importance politique à cette partie, la lestant d'enjeux qui n'avaient pas lieu d'être ? Sûrement. Ce n'est qu'un match de foot. Et ce n'est pas avec un simple match que nous parviendrons à réconcilier des peuples.

***

A quelques jours du Mondial 2002, durant un stage d'acclimatation à Ibusuki, à l'extrême sud du Japon, nous laminons, sous une pluie battante, le club d'Urawa Red Diamonds. Au cours de ce match d'entraînement, remporté 5-1, j'inscris un triplé. Je suis bien. En mars, j'ai même eu l'honneur de porter le brassard de capitaine, au Stade de France, contre l'Ecosse. J'avais remplacé Zizou à dix minutes de la fin et il m'avait confié le bandeau bleu, blanc, rouge. A l'attaque de cette Coupe du monde, j'ai des fourmis dans les jambes, tant ma saison a été tronquée. Entre le double déchirement des ligaments de ma cheville droite et les problèmes rencontrés avec les dirigeants de Kaiserslautern pour quitter le club, j'ai disputé à peine une vingtaine de matches.

La plupart des vingt-trois Bleus se posent en Asie, lessivés physiquement. Robert Pires, lui, est sur le flanc depuis plusieurs mois après son opération au genou. L'équipe de France, même si elle s'est inclinée à domicile contre la Belgique en amical la veille de notre départ, est le favori de la compétition. Chacun semble estimer que nous allons conserver notre titre sans anicroche. Je n'y souscris pas.

Mais pas au point de deviner la débâcle à venir. Pour la première fois, je me demande si notre préparation est conforme. Et je ne suis pas le seul. En général, les règles et le fonctionnement interne durant une compétition nous sont expliqués en amont. Bien sûr, le sélectionneur tranche mais nous sommes consultés. Là, les éléments nous sont davantage imposés que proposés. D'emblée, nous nous entraînons fort. Très fort. Trop fort. Pour la première fois encore, j'ai la désagréable impression que les choses ne vont pas dans le sens commun de l'équipe. De nombreux paramètres, comme la saison de folie de Vieira ou Henry par exemple, le changement de club de Zizou, auraient dû être pris en compte. Ils ne l'ont pas été. Nous nous interrogeons, sans toutefois réclamer quoi que ce soit. Nous avons envie de nous battre mais l'intensité des entraînements, le match « amical » contre la Corée du Sud qui provoque la blessure à la cuisse de Zizou, nous laissent exsangues.

Les Bleus abordent ce Mondial fatigués, sans jus, sans inspiration. Le talent ne suffit pas. Conséquence : le 31 mai, à Séoul, en match d'ouverture, le Sénégal nous surprend et l'emporte 1-0. Ça part mal, contrairement au Mondial précédent et à l'Euro. Je joue la rencontre au poste de meneur. Mais je ne me sens pas pour autant le dépositaire du jeu. Le reste du tournoi est à l'avenant : match nul contre l'Uruguay (0-0) à Busan et défaite contre le Danemark (2-0) à Incheon. Le tenant du titre bouté d'entrée. Pis : en trois matches, la France ne marque aucun but. C'est une aberration car, contrairement à 1998, nous possédons dans nos rangs des « serial buteurs » : Thierry Henry a terminé meilleur réalisateur du championnat d'Angleterre, David Trezeguet a fait de même en Italie et Djibril Cissé a raflé haut la main le classement français. A eux trois, ils ont inscrits 99 buts dans la saison ! Nous n'avons pourtant pas été capables d'en planter un.

Les analystes de notre échec cinglant avancent des tas de motifs en guise d'explication. En vrac : la visite de nos femmes, pourtant là quatre ans plus tôt, notre omniprésence dans les publicités au détriment de l'entraînement, la fréquentation assidue du casino du Sheraton Walker Hill de Séoul, hôtel où nous étions logés dans une aile indépendante, la bouteille de romanée-conti à 4 800 euros bue par Claude Simonet, le président de la Fédération, et ses invités le soir de France-Sénégal. On mélange tout. Cette Coupe du monde, nous l'avons perdue sur le terrain. Tous coupables. Après, lorsqu'on y regarde de plus près, des éléments étaient malheureusement annonciateurs. Le vrai problème, à mes yeux, est que les joueurs n'ont pas été suffisamment écoutés. Notre expérience et notre recul n'ont servi à rien. Et puis, contrairement au Mondial et à l'Euro, les Bleus ne fonctionnent plus en vase clos. En Asie, il faut dire que les journalistes résident dans le même hôtel que nous ! Trop de monde parasite l'environnement de l'équipe de France.

Nous dire les choses en face, au calme, n'est plus possible. Contrairement à nos habitudes, la moindre discussion s'échappe de notre bulle. Pour une simple raison : nous n'en avons plus ! Dommage car nous avions les moyens de faire quelque chose. Je reste persuadé que nous pouvions battre le Danemark par deux buts d'écart, ce qui nous aurait qualifiés pour les huitièmes de finale. Des changements s'imposaient d'eux-mêmes, d'autres combinaisons en attaque devaient être risquées. Nous avons tergiversé, gaspillé du temps.

Nos trois bijoux en attaque ont été terriblement mal exploités. Ce n'est pas normal. Lilian l'a expliqué avec le recul : sentant que nous allions dans le mur, les joueurs expérimentés auraient dû témoigner davantage de fermeté. Mais nous avons été pris en otage. Au final, nous sommes floués. Nous pouvons regretter, comme l'a justement remarqué Marcel, de ne pas avoir combattu en défendant nos convictions coûte que coûte. Reste que cette génération n'est fondamentalement pas putschiste dans l'âme. Nous sommes des garçons convenablement éduqués, prenant la parole quand on nous sollicite. Le sélectionneur a avancé en faisant fi de nos avis, développant sa partition et non la nôtre. Nous n'avons pas compris son discours, ni sa stratégie.

La veille du match contre le Danemark, sur le terrain d'entraînement, pendant l'échauffement, j'ai discuté avec Roger. Il m'a demandé mon opinion, je lui ai livré le fond de ma pensée, en toute franchise. A mes yeux, la situation n'était pas désespérée. Pour briser cette dynamique, il fallait du sang neuf, basculer Lilian dans l'axe de la défense, aligner Vincent Candela sur le côté, jouer avec trois milieux récupérateurs. Surtout, il fallait privilégier la carte de l'offensive. Il n'était pas possible de ne pas marquer avec de tels attaquants. Je le lui ai dit. D'autres cadres, individuellement, ont fait de même. Roger nous a écoutés. Il semblait réceptif, comprendre le message. Sauf que, le jour du match, il n'a appliqué que partiellement ce qu'il avait laissé supposer qu'il ferait. Du banc, je trépignais. Je suis rentré à six minutes de la fin. Notre sort était déjà joué. Le 11 juin, la France quitte la compétition la tête basse. Incheon morne plaine.

Les Bleus ne sont pas morts avec leurs idées. J'en conçois de l'amertume, compte tenu de nos statuts, de nos caractères. Il est faux d'affirmer que nous avons été passifs. L'équipe a réagi, mais trop mollement. Notre erreur, peut-être, est de ne pas avoir provoqué de délégation collective afin d'entreprendre Roger. L'impact aurait sans doute été supérieur. Probablement avons-nous eu peur inconsciemment que nos recommandations soient mal interprétées par le sélectionneur, le chef suprême.

En plus, il s'agit de ma dernière compétition internationale. Marcel hésite à continuer. Je n'ai pas d'états d'âme. J'avais prévenu que, quoi qu'il arrive, le Mondial marquerait l'arrêt de ma vie avec les Bleus. Une vie bien remplie, débutée et achevée par une défaite. Mais, entre-temps, beaucoup d'enchantements. J'ai été récompensé par mille petits bonheurs. Je quitte la scène sans effusion. Je m'y étais préparé. Et puis je n'aime pas les adieux. Je ne suis franchement pas doué pour la nostalgie.

Les icônes bleues vacillent légèrement de leur socle après cette sortie de route prématurée. Je m'en soucie peu, à vrai dire. Je rentre à la maison avec ma peine.

Avec le regret de ne pas avoir disputé la Coupe du monde que chacun espérait. Mais je tourne vite la page. Pour déconnecter, je pars me ressourcer en famille en Italie. L'atterrissage est animé : la Squadra Azzurra, à la surprise générale, se fait sortir à l'instant du Mondial par la Corée du Sud, en huitièmes de finale. Le douanier, à l'aéroport, m'en informe. « Incroyable, on vient de se faire éliminer aux prolongations. Par des Asiatiques, en plus », me jette-t-il à la figure, dépité. Magnifique : à part lui, personne ne m'a parlé de foot ! Pas un serveur ne m'a chambré. Je passe des vacances divines.

On ne quitte jamais vraiment l'équipe de France. Notre performance est d'avoir réussi à faire de cette bande de copains un authentique club. Les Bleus me manquent. L'adrénaline inhérente aux matches internationaux aussi. Entendre retentir la *Marseillaise* me procurait une dose de motivation et de frissons supplémentaires. Cette pression, ces nuits blanches entourant ces rendez-vous, ce souffle épique, ce petit picotement dans le creux de l'estomac, ces ambiances prodigieuses, je ne les retrouverai nulle part.

Tous ensemble, nous avons vécu des choses si puissantes et privilégiées que le besoin de prolonger l'aventure s'est fait sentir. Cela s'est traduit par la création de l'association France 98. Sans faire anciens combattants, elle permet de se retrouver, de perpétuer l'esprit et de disputer des matches de bienfaisance, le premier d'entre eux en novembre 2002 à Nîmes, à l'initiative de Laurent Blanc, en faveur des victimes des inondations dans le Gard et l'Hérault.

Près de 1,7 million d'euros ont ainsi été récoltés pour la bonne cause. Depuis, France 98, dont l'homme lige et secrétaire général est Henri Emile, a évolué à Marseille à la demande de Zizou pour les familles touchées par le tremblement de terre en Algérie. Direction ensuite Bordeaux, avec l'opiniâtreté de Lizarazu, afin de promouvoir la protection du littoral un an après le naufrage du *Prestige*, puis Toulouse, à l'initiative de Barthez, en tendant la main aux sinistrés de l'explosion de l'usine AZF.

Ces actions de solidarité servent à entretenir le lien avec le public et à consolider encore plus notre amitié. L'association n'est pas exclusivement ouverte aux champions du monde. Le cercle est plus large, même si le socle repose sur l'équipe de 1998-2000. Très peu de gens peuvent réellement comprendre ce que nous avons vécu. Seuls les pensionnaires de Clairefontaine disposent de cette faculté. J'aime le sport collectif car la victoire se partage complètement. Les partenaires donnent plus de relief à l'événement. Les halos se reflètent et se gonflent mutuellement. Quand Rafael Nadal remporte Roland-Garros, à part Yannick Noah ou d'autres vainqueurs, personne n'est capable de prendre la mesure de ses sensations. On se contente d'imaginer, de se projeter. Le public a beau vibrer avec lui, Nadal est seul au monde.

En football, c'est différent. Grâce aux équipiers, retourner les situations n'est pas une utopie. Ensemble, nous l'avons fait à satiété. Impossible n'est pas français ! Les Bleus ont rendu faciles des rencontres qui ne l'étaient pas. Malgré parfois les apparences, rien, absolument rien n'a été simple. Derrière la victoire existe un énorme travail, qu'il est inutile d'exhiber. L'équipe de France ne tenait pas à dévoiler la complexité de la recette. D'abord le rêve. De même lorsque j'écoute un disque, ce qui m'importe est la qualité du morceau. Imaginer la souffrance de l'artiste écrivant les paroles durant des jours et des nuits, composant la musique ou enregistrant la chanson : ce n'est pas ce qui compte. Si tout dans le foot était si élémentaire, alors la planète serait peuplée de champions du monde !

Depuis mes débuts, le football a considérablement évolué. Moi ? Je suis resté le même. Très vite, j'ai trouvé mon équilibre dans cette discipline. Je m'y suis senti bien d'emblée. Au fond, davantage que mon équilibre, j'ai découvert ma personnalité. Grâce au foot, je suis devenu adulte relativement tôt. A 16 ans, s'entraîner avec des garçons d'une trentaine d'années forge le caractère. Plus tard, l'équipe de France m'a encore fait grandir. A 38 ans, j'ai eu la vie qu'une personne du double de mon âge ne connaîtra probablement jamais. Ma carrière a été amplement remplie, à tous niveaux. Le plus gratifiant est la constance dans la progression. Oui, j'ai eu une vie riche. Parce que je me suis donné les moyens de les atteindre, de les concrétiser, et seulement pour ça, je suis allé au bout de mes rêves.

A l'évidence, les Bleus constituent le zénith de mon existence sportive. C'est pourquoi, tous, nous sommes attachés à France 98. Lors du match au Stadium de Toulouse en faveur d'AZF, le 30 mai 2005, je n'étais pas présent. La veille, je disputais un match avec New York. Mais un Djorkaeff trônait dans les coulisses : Jean, mon père. Notre association a affronté, pour la bonne cause, le CIF, le Club des internationaux de football, sorte « d'équipe de France des vétérans ». L'institution, longtemps menée par Daniel Rodighiero, est composée d'anciens joueurs ayant eu l'honneur d'au moins une sélection en équipe de France. Depuis deux ans, mon père en est le président et l'ambassadeur. Respecté dans le milieu, il en profite pour rajeunir les cadres sur le terrain, comme lors d'un match de gala l'été précédent à Varsovie, face aux anciens internationaux polonais menés par Zbigniew Boniek. J'ai d'ailleurs signalé à mon père de bientôt songer à moi pour le renforcer!

J'aime cette idée de le voir animer le CIF, associé en toute logique à France 98. De Just Fontaine à Patrick Vieira, les maillons de la chaîne bleue sont soudés les uns aux autres. Ensemble, nous formons le club de la France, non pas une quelconque élite, comme sait l'être le Variétés, avec qui Michel Platini continue de jouer à l'occasion. Il y a quelques années, lors d'une réception, sa femme est venue me trouver. Elle m'a assuré, entre deux coupes de champagne, que j'étais l'idole de leur fils. Je jubilais car j'ai toujours trouvé le joueur Platini – davantage que le personnage – extraordinaire.

Si l'équipe de France remporte le Mondial le 9 juillet prochain à Berlin, j'en serai sincèrement heureux. Aujourd'hui, je suis un supporter lambda. J'ai suivi la fin du parcours éliminatoire des Bleus depuis le restaurant new-yorkais d'un ami. Je m'efforce d'être le moins critique possible.

Les maillots de l'équipe de France en coton avec le col brodé portés par mon père dans les années 1960 sont encore à la maison. Avoir contribué à rajouter dessus l'étoile de champion du monde fait ma fierté.

« Alors que j'étais apprenti stagiaire au Paris Saint-Germain, il m'a quelque peu pris sous son aile, m'invitant parfois à table à ses côtés, près de Bernard Lama. Avec lui, je me sentais à l'aise. Il me parlait beaucoup, m'encourageait. J'étais attaquant, comme lui. Nous appartenions à la même race. Toute la saison, je me suis entraîné avec le groupe professionnel, débutant dans l'élite en février 1996, à Monaco. Je n'avais pas 17 ans et Youri était là. Pour ça et pour le reste, je lui voue un immense respect. J'ai pu apprécier à Paris son impressionnant sens du but. Youri, c'est vraiment le Snake. Capable de buts splendides ainsi que de tirs vicieux aux trajectoires singulières. J'ai aimé aussi les discussions avec lui tandis que j'évoluais à Manchester City et lui à Bolton. Le centre-ville de Manchester constituait notre terrain de rencontre.

L'image que je retiens de Youri, celle qui restera gravée dans mon esprit, date du 10 février 1999. L'équipe de France se mesure en amical, à Wembley, à l'Angleterre. Je suis le seul non-champion du monde aligné d'entrée. Je porte des gants et je suis prêt à monter sur le ring, d'autant que je joue à Arsenal, un club de Londres. Nous dominons mais le score est toujours vierge. A la 64e minute, Zidane me lance. Je frappe, le ballon touche la barre transversale et ressort. Les ralentis sont formels : le but est – largement – valable.

Pourtant, l'arbitre allemand ne le valide pas. Je n'ai pas le temps d'être perturbé. Youri s'approche de moi et me dit, les yeux dans les yeux : « Regarde, je vais te montrer comment il faut faire. » Inattendu. Culotté. Et drôle. Sur les images, on me voit sourire avec lui à cet instant. Ça c'est Youri. On a toujours le sentiment qu'il est super sérieux alors qu'il se marre constamment. Cinq minutes plus tard, j'ouvre la marque. Avant de saler l'addition à la 76e minute. La France n'avait pas gagné en Angleterre depuis près d'un siècle ! »

11

Le cauchemar allemand

J'aurais pu rester à vie à l'Inter Milan. Le président Moratti m'a proposé un contrat en blanc. « Mentionne la durée et le montant que tu convoites », m'a-t-il lancé un jour le plus sérieusement du monde, en me tendant une feuille vierge. J'aurais pu, oui. Mais je ne fonctionne pas de la sorte. Début 1999, un nouvel entraîneur est annoncé : Marcello Lippi, qui a empilé les titres à la Juventus Turin. En attendant, j'essaie de peaufiner mon entente avec Roberto Baggio, idole à catogan de la Botte, Ballon d'Or 1993. Nos profils d'éclaireurs du jeu sont proches. Je sollicite une discussion avec Lippi, afin de connaître ses idées et son projet à mon sujet. Il me l'accorde et, avec cordialité, m'explique compter en priorité sur son compatriote. Moratti sent que la situation, très concurrentielle, sera épicée.

— Ne t'inquiète pas, Youri, je vais arranger ça, promet-il. Je vais en toucher un mot à Lippi.

— Pas question, président. Il y a un entraîneur en poste, je respecte ses choix. A moi de gagner ma place.

Très vite, la propre situation de Moratti devient équivoque : il vient de temporairement démissionner de son poste, lassé des querelles intestines et d'un violent mouvement d'humeur des ultras.

Je lui signale alors ma volonté de partir. Je ne supporte pas de ne plus être le protagoniste majeur de ce club qui a tant fait pour moi. Je désire conserver une image excellente de l'Inter, et réciproquement. Je n'ai pas encore de prochaine destination. Mais jamais, après trois ans à l'Inter, je ne pourrai signer dans un autre club italien. Manchester United et Paris observent la tournure des événements. Valence, Middlesbrough et le Borussia Dortmund dépêchent des émissaires. Je m'accorde le temps de la réflexion. Le volet financier en fait partie mais il ne me guide pas.

L'argent n'est pas un sujet tabou. Je suis à l'aise pour en parler, mais avec les personnes en qui j'ai confiance. Seuls mon père et mon frère connaissent avec précision l'état de mon compte en banque. Entre joueurs, toutefois, nous échangeons des informations. La génération actuelle aborde plus facilement ces thèmes-là. Par le passé, nous prenions ce que l'on nous donnait. Les choses ont évolué, la société a changé. En équipe de France, nous confrontons nos points de vue, nous échangeons des informations sur la façon qu'a de procéder tel ou tel club.

Si je ne rechigne pas à étaler ma fiche de paye, je n'éprouve aucun complexe à gagner beaucoup d'argent. Personne ne m'a jamais forcé à signer un contrat, et inversement. Une fois le contrat signé, je n'évoque plus le sujet. Pas question de revenir dessus. Je me concentre sur le terrain. Je m'imagine mal, deux mois plus tard, me plaindre que tel joueur gagne plus que moi alors que son rendement est en deçà du mien.

Lorsque Monaco a payé 1,5 million d'euros à Strasbourg pour régler mon transfert, je ne réalisais pas ce que cela représentait. Pour me faire une idée plus précise, je calculais en voitures ! Et puis arrêtons d'être hypocrites. Le football est une discipline populaire, donc un secteur qui brasse de l'argent. Le football fait fantasmer, les cerveaux s'emballent quand on évoque les millions pour parler d'un joueur. Nous ne sommes plus des numéros sur le terrain mais des salaires.

Je ne cherche pas à faire monter les enchères. Je souhaite m'aérer. J'ai besoin de vert, ma femme et mes enfants aussi. Ces dernières années ont été intenses. Il me faut respirer, recharger les batteries. Une bouffée d'oxygène est salutaire. Après la montagne, la mer et les grandes villes, j'adopte la campagne. Et celle de Kaiserslautern en particulier, qui se dresse au milieu de la forêt boisée de Rhénanie-Palatinat, entre Metz et Francfort.

Je m'engage trois ans, le transfert s'élève à deux millions d'euros. Les appétences de ce club séculaire, fondateur de la Bundesliga en 1963, sont séduisantes. Je suis conquis par la volonté de l'entraîneur de m'enrôler. Otto Rehhagel n'est pas un inconnu. Ce sémillant sexagénaire a longtemps été l'entraîneur du Werder Brême, avec qui il a été deux fois champion. Il a aussi remporté la Coupe des coupes face à Monaco en 1992, souvenir douloureux qu'il s'amusait à ressusciter pour me titiller. Ephémère coach du Bayern Munich, il a repris Kaiserslautern en 1996. Le club était en D2. Deux ans plus tard, il devenait champion ! La France le connaît aussi pour ses talents de sélectionneur : il dirige la Grèce, vainqueur de l'Euro 2004 au Portugal et tombeur des Bleus en quarts de finale.

Le FC Kaiserslautern, c'est d'abord un stade. Perchée sur la colline du Betzenberg, délimitée par quatre pylônes blancs, cette enceinte complètement couverte est une étuve où s'entassent chaleureusement 40 000 personnes. D'entrée, je me familiarise avec les supporters du Fritz-Walter Stadion, du nom du plus grand joueur de l'histoire du club, par ailleurs capitaine de l'Allemagne vainqueur du Mondial 1954. Après avoir signé mon contrat au siège du club, je pénètre dans le vestiaire, tout proche. Otto me sourit et m'assure : « Youri, quelques personnes dans le stade veulent te voir et t'applaudir. Allons les saluer et on revient. » J'accepte. J'ignore ce dont il retourne. Dans le couloir menant à la pelouse, l'ambiance monte. Et, quand je la foule, en tenue civile, je me retrouve face à 35 000 fans. Ils attendaient depuis de longues minutes et me félicitent d'avoir choisi leur club en scandant mon nom. Je suis ému.

Otto cajole son champion du monde. Avec sa femme, ils font assaut d'amabilité à mon égard. Il me reçoit dans sa maison, m'indique son numéro de téléphone portable – c'est le premier entraîneur chez les professionnels à procéder ainsi – en me glissant : « Si tu as besoin de quoi que ce soit, si tu as le moindre problème, n'hésite pas à m'appeler, de jour comme de nuit. » Otto est un personnage attachant et délicieux. Un entraîneur expérimenté et malin. Il me rappelle Guy Roux, en plus exubérant encore !

Pendant l'Euro 2000, Otto m'appelle constamment. Il est satisfait de ma première saison allemande. L'équipe tourne bien. J'apprends que 10 000 maillots de Kaiserslautern floqués à mon nom se sont vendus. Soit un habitant sur dix portant du Djorkaeff ! Certains supporters me comparent à Fritz Walter et c'est un sacré compliment. Je suis tellement identifié à Kaiserslautern que mon portrait sert d'étendard au moment de la candidature de la ville pour le Mondial 2006. En Allemagne, les stades sont bondés, le jeu spectaculaire. Je me régale.

Le dérèglement s'amorce, insidieusement, quand Rehhagel, en octobre 2000, est démis de ses fonctions. Il est remplacé par Andreas Brehme, jeune entraîneur, ex-joueur de l'Inter Milan. Cet arrière-gauche de caractère a un autre point commun avec moi : il a été champion du monde. Il a même inscrit, sur penalty, l'unique but de la finale en 1990, à Rome, face à l'Argentine de Diego Maradona. Je digère difficilement l'éviction sans ménagement de Rehhagel. D'emblée, le contact passe mal avec son successeur.

Durant trois mois, je m'entraîne seul, à l'écart du groupe, sans savoir pourquoi. Chaque matin, j'arrive à l'entraînement. Je me change avec les autres et, tandis que ceux-ci s'ébrouent sur le terrain, je pars courir en forêt, flanqué d'un garde-chiourme à l'allure austère. Son rythme est soutenu. A mon avis, il a été marathonien dans une vie antérieure. De la verdure de Kaiserslautern, je connais désormais le moindre feuillage ! Je m'en serais dispensé. Brehme, qui porte inlassablement une chemise bleue, incarne le pire souvenir de ma carrière. Il veut me nuire, me faire du mal, ternir mon image. Il m'atteint dans ma chair, réussit à me déstabiliser – et pourtant je suis solide.

***

J'ai rencontré des entraîneurs qui défendent leurs idées. Il est possible, alors, de ne pas entrer dans leur schéma de jeu. Là, le cas est différent. C'est une rancune arbitraire, qui me mine personnellement et intérieurement. Brehme veut tuer ma carrière, me faire disparaître de l'équipe de France. A ses yeux, il y a un champion du monde de trop dans ce club : moi. Il est jaloux de ma réussite. Je ne comprends pas. Nous avons tout pour nous entendre, des points communs multiples, tels le titre mondial, un âge quasi identique, un passage par l'Inter Milan. Mais non. Sciemment, il me met des bâtons dans les roues. Brehme est foncièrement mauvais. Profitant du fait que je ne maîtrise pas l'allemand, il glisse des remarques pernicieuses à mon endroit au reste de l'équipe. Il arrive à me mettre une partie des joueurs à dos. Un travail de sape, poursuivi par de petites phrases lâchées de-ci, de-là dans la presse allemande. Je suis désormais la plupart de nos matches dans les tribunes. Cela me rend fou. Le règne de Brehme, bien qu'éphémère, éclipse mes premiers mois d'enchantement à Kaiserslautern.

Un jour d'entraînement, un gamin, supporter du club, lance au loin : « Eh, champion du monde, je pourrais avoir un autographe ? » Spontanément, Brehme, flatté, se retourne. Le petit garçon le tanne et renchérit en me désignant du doigt : « Non, pas vous ! C'est à l'autre que je demande. » L'entraîneur ravale sa salive et serre les dents. Son regard est plein de haine. Avec Brehme, être en forme implique de courir le 100 mètres en moins de dix secondes. Et encore, j'aurais battu le record du monde qu'il aurait ajouté : « Non, désolé, le chrono exigé est neuf secondes. » Avec lui, je dérouille. Le Mondial 2002 approche. La situation me paraît sans issue. J'ignore ce que recherche Brehme : asseoir son autorité, se payer une star ?

Une première altercation éclate autour de la demi-finale de la Coupe de l'UEFA. L'adversaire est le Deportivo Alavés, modeste club espagnol où évolue Jordi Cruyff, le fils de mon idole d'enfance. Je suis paré pour le défi. La fracture de l'orteil, qui me handicapait depuis deux mois, est un lointain souvenir. Je dispute quelques matches afin d'être définitivement opérationnel pour cette joute continentale. Sauf que Brehme, sans commentaires, ne me sélectionne pas dans le groupe. C'est la goutte d'eau. A bout d'arguments, je sollicite le président. Je lui ouvre mon cœur. Il nous convoque, Brehme et moi. L'entraîneur affirme m'avoir informé que je ne suis pas en état de jouer. Je rétorque : « Impossible, nous ne nous sommes pas parlé depuis trois mois ! » Brehme est mal à l'aise. Devant le président, il s'efforce de tempérer les débats, de dédramatiser la situation. Je garde mes rancœurs pour moi. Je ne veux pas étaler mes états d'âme dans la presse.

La défaite en Espagne est cuisante. Kaiserslautern s'incline 5-1 au stade Mendizorrotza : autant dire que la finale de l'UEFA 2001, qui se joue en Allemagne, à Dortmund, est une douce utopie. Je suis effondré. Pour un match d'un tel niveau, le club a préféré se priver de mon expérience. Face à un adversaire peu réputé, moins que Liverpool et Barcelone par exemple, opposés dans l'autre demie, Brehme pensait franchir le cap. Et prouver qu'il pouvait atteindre le dernier round sans Djorkaeff. Raté. Alavés, l'équipe basque de Vitoria, a tout de même éliminé l'Inter Milan en huitièmes. L'espoir envolé d'une qualification ne déconcerte pas Brehme. A quelques jours du retour, il m'adresse enfin la parole.

— Prépare-toi Youri, tu vas jouer contre Alavés.

— D'accord mais on va voir le président ensemble.

Nous déboulons dans le bureau de Jürgen Friedrich, un ancien joueur du club. J'incite l'entraîneur à répéter ce qu'il vient de m'annoncer. Brehme s'exécute.

— Youri, je compte sur toi pour le match retour.

— OK, pas de problème, mais à une condition : si on élimine Alavés, je veux jouer la finale.

Brehme reste coi. Mis devant le fait accompli sous l'œil de son président, il balbutie. Et ne peut que céder.

— Oui, Youri, je m'engage à te faire jouer si on passe.

Modeste triomphe mais jouissif tout de même. Après dix minutes de jeu, j'ouvre la marque. Le second but est tout proche mais nous ratons la cible. Puis nous nous effondrons d'un coup. Kaiserslautern encaisse quatre buts. Adieu l'Europe.

Dès lors, mes rapports avec Brehme, déjà exécrables, virent à l'irrespirable. Ce personnage, qui prend un plaisir pernicieux à me rappeler qu'il a marqué contre la France de Platini en demi-finale du Mondial 1986, ne me pardonne pas de l'avoir obligé à rendre visite au président en ma compagnie. Il transforme mon séjour allemand en cauchemar. Je vis très mal la situation. Je ne peux plus voir ce pays en peinture mais je ne hausse pas le ton, de peur que ça ne dégénère.

Moralement, je suis au plus bas. Brehme réussit à m'écœurer du foot. J'enrage d'autant plus que je reçois des propositions étrangères. J'en parle au président de Kaiserslautern. Je lui indique qu'il serait mieux pour tout le monde que je m'en aille, compte tenu de mes rapports avec Brehme. « Il me reste un an de contrat et vous pouvez faire une bonne affaire. Je souhaite partir. Otto Rehhagel n'est plus là, ça ne passe pas avec Brehme. » Il fait mine d'accepter. Je pars en vacances estivales le cœur un peu plus léger, persuadé que plus jamais je ne mettrai les pieds en Allemagne.

Denis, mon frère, entame les discussions avec les équipes intéressées par mon transfert. Il contacte

Kaiserslautern afin de les tenir au courant de l'avancée des tractations. Il s'entend répondre : « Mais non, pas question que Youri s'en aille. Il incarne l'image du club. Nous comptons sur lui. Il lui reste un an de contrat, il ira au bout. Sa présence est utile pour notre rayonnement international. »

En effet, grâce à moi, le club a pris de l'ampleur, amélioré sa diffusion télé et sa vente de produits dérivés.

Stupeur et tremblements. Quand Denis me rapporte sa conversation, je suis pris de nausée. Pas question de retourner en Allemagne. Ma décision est prise. J'arrête tout, je ne veux pas aller au terme de mon contrat. La simple perspective de revoir Brehme m'est insupportable.

Denis essaie de me raisonner. Il est surpris, ainsi que mes parents, par mon attitude. D'un naturel peu disert, je ne me suis pas répandu sur les brimades et les vexations subies. Pour la première fois, je ne me fie pas à mon instinct, qui me guide de ne plus poser le pied en Allemagne. Je lance pourtant à mon frère et à mon avocat, dépité : « Débrouillez-vous comme vous voulez mais je ne retourne pas en Allemagne. Ils vont me faire encore plus de mal. Je préfère rompre mon contrat et les rembourser. »

Mais chacun s'oppose à cette idée. Je me résous à reprendre l'entraînement avec Kaiserslautern, où j'entame ma troisième saison. La série noire se poursuit avec une vilaine déchirure des deux ligaments de la cheville droite. Brehme est toujours en poste. L'enfer a désormais un nom et un visage. Pour tenir le coup, j'affiche dans le casier de mon vestiaire la photo de ma joie après mon but à l'Euro 2000 contre l'Espagne. Voilà le visage du véritable Youri ! Cette figure conquérante est mon rayon de soleil. Je la fixe tous les jours, pour me donner du baume au cœur, pour restaurer le brin de confiance qui m'anime encore.

Il faut que je tienne. Je ne dois pas craquer, cela leur ferait trop plaisir. Je ne baisse pas les bras, transformant ce désespoir en énergie positive. Malgré un climat conflictuel, je tente de m'entraîner normalement. Mais je ne tire aucune satisfaction de ces séances. A la maison, je suis triste, maussade. Je me morfonds. J'en veux à mon frère et à mon avocat. Je n'aurais pas dû les écouter.

A la fin décembre s'ouvre le *mercato*, le marché d'hiver, qui offre aux clubs la possibilité de recruter, de dégraisser, bref d'ajuster leur effectif. Je suis impatient d'en être. Le Mondial en Asie débute dans six mois mais, à ce rythme, je ne suis pas prêt d'y participer. Je m'étiole, je me consume. Il faut réagir. Plusieurs clubs se manifestent, dont Marseille. Kaiserslautern a intérêt à me vendre maintenant, à six mois de la fin de mon contrat. Pourtant, le président, en dépit d'engagements verbaux, s'obstine à me conserver coûte que coûte. Voilà son nouveau discours : « Si tu fais la campagne pour que Kaiserslautern accueille des matches de la Coupe du monde 2006, tu auras ton bon de sortie. » J'accepte, la ville organisera des rencontres du Mondial. Et puis plus rien.

Si ça continue, je vais commettre l'irréparable. Je me ronge les sangs, me fais violence pour justement ne pas être violent. Fin janvier, la période du *mercato* s'achève. Seul le championnat anglais, qui n'est pas régi par cette législation, peut encore recruter. Liverpool, Tottenham, Aston Villa et West Ham tentent des approches. Bolton aussi pointe le bout de son nez. Le manager de l'équipe, Sam Allardyce, effectue même le voyage à Francfort. J'y suis sensible. Sam me décrit le fonctionnement de son club, dix-septième du classement. Il m'assure compter sur moi pour garantir le maintien de Bolton en Premier League. Il m'imagine dans la configuration que j'apprécie : meneur de jeu pivotant autour de l'attaquant. Le dialogue est constructif.

— Il faut que tu signes chez nous. Tu as besoin de temps de jeu pour disputer la Coupe du monde, nous avons besoin de ton expérience et de ton talent. Viens effectuer quatre mois chez nous sous forme de prêt, car nous n'avons pas les moyens de t'acheter. Il reste douze matches pour rester dans l'élite. Tu peux être notre sauveur.

Le challenge est excitant. Le courant passe bien. Nous tombons d'accord.

— Faites une offre officielle à Kaiserslautern et je trouve le moyen de partir.

J'expose la situation au président du club, Jürgen Friedrich. Il me fait languir. Il accepte puis prétend n'avoir jamais reçu le fax de Bolton. « Je l'ai égaré », me dit-il ensuite, avant d'oser réclamer au club anglais 500 000 euros d'indemnités de transfert, une somme hors de prix pour un prêt de quatre mois et un joueur de 33 ans. L'épreuve de force est intolérable autant qu'insoutenable. C'est du harcèlement moral. Je suis pris au piège. Kaiserslautern additionne les perversités, enchaîne les vices.

Je suis au bord de l'implosion. On me prive de cette liberté que je chéris tant. Je dois tenter un quitte ou double, sinon adieu le Mondial 2002. Dans trois jours, la sélection allemande dispute un match amical à Kaiserslautern, face à Israël. Une idée me traverse l'esprit. Elle est machiavélique. Je compte profiter de l'afflux médiatique drainé par la présence de l'équipe nationale pour m'échapper. La veille de leur premier entraînement, je prends la plume. J'invite les journalistes à assister à une conférence de presse que j'organise au siège du club. J'envoie le communiqué aux agences de presse. Je préviens également le président de Kaiserslautern. A midi, le lendemain, je le contacte.

— Vous savez que, à 15 h 30, je tiens une conférence ?

— Ah bon ?

— Vous avez déjà oublié. Vous voulez que je vous rafraîchisse la mémoire ? Si vous m'empêchez d'entrer dans le stade, je parlerai dehors. C'est ce que vous désirez ?

— Non non, ça ira.

— Si vous le voulez, président, on peut bavarder avant. Je vous expliquerai ce que je compte dévoiler.

— D'accord, je vous attends.

Je suis remonté à bloc. Je prends ma respiration et, dans son bureau, les yeux dans les yeux, je lui lâche :

— C'est bien simple : ou vous me laissez partir, ou alors je fais exploser le club.

— Pourquoi, qu'est-ce qui ne va pas ?

Je sors un bout de papier de ma poche. Et je lui lis la déclaration préparée pour les journalistes rassemblés à quelques mètres de là. Je dénonce pêle-mêle le non-respect des promesses, les propos racistes de Brehme. J'évoque enfin certains transferts qui ne me semblent pas avoir été réalisés dans les règles de l'art.

— Croyez-moi, président, je vais taper tous azimuts sur le club.

Son visage se fige, puis se décompose. Touché en plein cœur. C'est gagné. Il marmonne dans sa barbe.

— Pardon ?

— On va trouver un arrangement, Youri.

— Je ne suis pas venu pour trouver un arrangement mais pour tenir une conférence de presse. Soit vous la faites à mes côtés, nous nous serrons la main publiquement et vous validez le fax de Bolton en le renvoyant avec votre signature dans les minutes qui viennent. Soit j'explique devant les journalistes ce qui se trame dans les coulisses et qui n'est guère reluisant. A vous de choisir.

Je plante mon regard dans le sien. Jürgen Friedrich est blême. Je tourne les talons et rentre à la maison. J'appelle Sam Allardyce pour l'informer de la situation. Je débranche mon téléphone portable puis reviens à Kaiserslautern une demi-heure avant la conférence. Dans le bureau du président, entouré par sa garde rapprochée, je lance :

— Alors, ça y est, tout est réglé ?

— Ecoute Youri, on te connaît, tu es un garçon bien élevé. Tu ne mettras pas tes menaces à exécution.

— Vous me connaissez mal.

— C'est trop risqué, Youri. Tu vas te dégonfler.

— Ecoutez, je n'ai strictement plus rien à perdre. J'ai trop souffert à cause de vous : je ne joue plus, vous m'avez démoli. Alors maintenant vous allez me régler mes salaires jusqu'en juin prochain et je file à Bolton.

Le président n'ose plus prononcer un mot. Il y a là aussi Andreas Brehme et l'avocat du club. Ils ont beau me mettre la pression, le premier qui parle de travers, je le colle au mur !

— Laisse-nous encore un peu de temps, Youri.

— Vous plaisantez, j'espère ? Il n'en est pas question. Je ne sortirai pas d'ici avant d'avoir obtenu votre signature. Tant que mon contrat n'est pas résilié, je campe dans le bureau.

J'ai quelques craintes, évidemment, mais je ne laisse rien paraître. A côté, les journalistes patientent dans la salle de presse. On entend leur murmure.

— D'accord, tu as gagné, admet finalement le président en se penchant pour signer le contrat, qu'il faxe immédiatement à Bolton.

J'appelle Sam, qui me confirme sa réception.

La conférence entérine ma liberté. Les photographes immortalisent ma poignée de main avec Friedrich, qui a perdu la bataille. Lorsqu'un reporter me demande l'état de mes relations avec Brehme, je réponds : « Je ne veux pas parler de ce personnage, ce serait lui donner trop d'importance. » Le traducteur est alors curieusement en sommeil. Ce n'est pas grave. Ma tête est à Bolton. Au revoir Kaiserslautern. Et adieu la galère.

Le lendemain matin à l'aube, pressé de tourner la page allemande, je pars en voiture pour Lyon. De là, je compte prendre un avion, direction Manchester, dont la grande banlieue abrite Bolton. Sophie et les enfants restent en Allemagne quelques heures pour boucler les valises. Ils prennent un vol de Francfort dans l'après-midi.

Je sifflote au volant et avale l'asphalte avec appétit. J'ai hâte de découvrir les gazons anglais et de rendre la monnaie de sa pièce à Sam Allardyce en aidant Bolton à se maintenir. Le téléphone sonne. Je baisse le son de l'autoradio, sort mon kit mains libres et répond. Mon avocat est au bout du combiné.

— Youri, tu es où ?

— A vingt kilomètres de la frontière française.

— Il faut partir. Vite, très vite.

— C'est ce que je suis en train de faire.

— Je n'ai pas le temps de t'expliquer mais fonce, passe la frontière.

— Qu'est-ce que c'est que cette blague ?

— Il y a un mandat d'arrêt contre toi.

— Tu plaisantes ?

— Malheureusement non. La police a débarqué chez toi ce matin à 8 heures. Heureusement, tu étais déjà parti. Appelle-moi dès que tu es en France, je t'expliquerai.

Je suis estomaqué. Je ne comprends pas. Je regarde dans le rétroviseur. Des voitures de police sont derrière moi. Je ralentis, elles me dépassent. Je pousse un ouf de soulagement. Je deviens paranoïaque. J'essuie d'un revers de la manche les gouttes de sueur qui inondent mon visage.

Je souris aux douaniers, qui me laissent passer. J'ai l'impression d'être dans le film *Midnight Express*, quand le touriste américain se fait pincer à l'aéroport avec de la drogue avant d'aller croupir dans des geôles turques décrépies. Quelques mètres plus loin, je m'arrête sur le bas-côté de l'autoroute. Je descends de la voiture et pousse un cri libérateur. Je reprends ma respiration. Je réalise que ma femme et mes trois enfants sont coincés en Allemagne. Je commence à faire demi-tour. J'appelle l'avocat. « Youri, surtout, ne retourne pas là-bas. C'est trop dangereux. Sophie et les enfants ne risquent rien. Le mandat d'arrêt est seulement contre toi. Un de mes amis va venir à Kaiserslautern chercher ta famille et la mettre à l'abri. Ne t'inquiète pas, je m'en occupe. »

J'appelle Sophie pour lui donner de mes nouvelles. Elle est rassurée. Elle me confirme que la police est venue ce matin pour m'arrêter.

Je poursuis en voiture jusqu'à Lyon en me replongeant dans l'engrenage des événements. Je ne comprends pas ce qui m'arrive. Je me creuse la tête mais je ne trouve pas la raison de cet acharnement. A moins que... Six mois plus tôt, je circule dans ma rue quand un véhicule déboîte brusquement. Je freine mais effleure son pare-chocs. Je suis en tort, je l'admets volontiers. Je propose au conducteur de passer à la maison établir le constat d'accident. Je lui donne les coordonnées de mon assureur, de sorte que soit prise en charge son éraflure. Pour moi, l'incident est clos.

Erreur. J'aurais reçu un recommandé m'enjoignant de me présenter sous cinq jours au commissariat, muni de mon permis de conduire. J'étais en vacances quand le document a été envoyé. Il est resté quinze jours à la poste avant d'être acheminé ailleurs. Je n'ai jamais vu la moindre trace de cette convocation. Peut-être que mon imagination me joue des tours mais je suis convaincu que le recommandé m'a été envoyé délibérément pendant les vacances. Trois autres courriers m'auraient été expédiés au sujet de ce litige. De guerre lasse, la justice s'est saisie de l'affaire et a lancé un mandat d'arrêt contre moi. A l'évidence, le club de Kaiserslautern, vexé d'avoir perdu son bras de fer, a réactivé la procédure. Comme si j'étais un hors-la-loi, un fugitif. Mes comptes sont bloqués deux mois.

Plus tard, je suis allé plaider ma cause, démontrant preuves à l'appui combien il était impossible, aux dates précisées, que je reçoive ces recommandés. La morale est sauve. Surtout que, peu de temps après, Brehme s'est fait licencier et le directoire a sauté. Quelque part, c'est ma victoire. Après une longue période de chômage, Brehme est devenu l'été dernier adjoint à Stuttgart de Giovanni Trapatonni, qui fut son entraîneur à l'Inter Milan, mais c'est un petit Monsieur. D'ailleurs, il a été limogé en février en même temps que Trapatonni. Friedrich, lui, a été débarqué de son poste en novembre 2002 pour cause d'irrégularités comptables. Un an plus tard, craignant qu'il ne s'enfuie à l'étranger, la justice allemande l'a interpellé. Elle le soupçonnait d'avoir versé des salaires occultes à certains joueurs.

J'ai été appelé à la barre afin de témoigner contre lui. Il était accusé d'abus de confiance et de fraude fiscale. Il a alors contre-attaqué, évoquant le versement de primes que j'aurais reçues sur des comptes en Suisse sous forme de droit à l'image. La justice a tout épluché et, naturellement, n'a rien trouvé à mon sujet. En revanche, d'autres joueurs, qui m'ont allumé dans la presse après mon départ, ont eu maille à partir avec les policiers. Ils avaient bénéficié de dessous-de-table en guise de compléments de salaire. En mai 2005, Friedrich et Gerhard Herzog, ancien membre du comité directeur, ont été condamnés à plus de 500 000 euros de dommages et intérêts par le tribunal de Kaiserslautern. Ce club m'a écœuré de l'Allemagne. Aujourd'hui encore, quand j'entends au restaurant des conversations dans cette langue, mon estomac se noue. Je repose alors ma fourchette. Repas terminé. C'est pourquoi, en dépit de quelques propositions, notamment pour être consultant, je n'assisterai pas au Mondial 2006, tellement les mauvais souvenirs s'amoncellent. J'ai en plus une excuse imparable : le championnat des Etats-Unis ne s'arrête pas pendant la Coupe du monde !

EMMANUEL PETIT

« L'homme est charmant, intelligent et doté d'une grande sensibilité. Il a mené son chemin sans déranger quiconque. Il sait où il veut aller et s'y tient. Je ne connais pas un joueur qui ait rencontré un problème avec Youri. Il parle peu mais juste. Il est raffiné dans son jeu et dans ses mouvements, dans sa façon de s'exprimer aussi. Ses tenues vestimentaires ressemblent à son tempérament : zen et proche de l'épure, dans le style du couturier-designer japonais Yohji Yamamoto. On a le caractère des habits que l'on porte. Il est charmeur et séducteur. Il a le chic absolu : cela se traduit dans sa façon d'attaquer le ballon, de le conduire, de le frapper. Je me souviens d'un but à nos débuts avec Monaco. Il avait marqué de la poitrine, rentrant dans les filets avec la balle. Je n'avais jamais connu ça. Son ciseau retourné avec l'Inter Milan contre la Roma résume également le personnage.

J'ai toujours été proche de Youri sans l'être. Quand nous nous retrouvons, nous sommes heureux. Mais pas besoin de s'appeler régulièrement pour se donner des nouvelles. C'est la chance de cette équipe de France. Avant d'être de grands joueurs, ce sont de grands hommes, dotés d'une large ouverture d'esprit.

Entre Bleus, nous parlions foot bien sûr mais aussi mode, architecture, vins, finance, famille... Youri est un touche-à-tout. Comme moi. Nous sommes différents mais nous aimons la vie en communauté et nous n'avons pas peur d'exprimer pleinement nos personnalités. La conséquence de cette attitude se retrouve sur le gazon. Youri, lui, mise sur le geste précis, net et tranchant, quasi chirurgical. Pas de fioritures dans son jeu, il recherche l'efficacité. Et l'obtient le plus souvent. On est sur le terrain comme on est dans l'existence. Le sport ne ment pas. »

12

Un appétit de junior

Mon père a joué à l'Olympique de Marseille. Il en a été le capitaine. L'OM et moi, nous nous sommes frôlés plusieurs fois, sans jamais concrétiser. Déjà, lorsque je jouais à Monaco, Bernard Tapie aspirait à ce que je rallie son OM étoilé. L'écho que renvoyaient les joueurs croisés en équipe de France était flatteur pour le personnage, alors patron tout-puissant. Il était aimé par ses troupes ; elles le jugeaient meneur d'hommes avisé, manager à poigne sachant manier la carotte et le bâton. Travailler avec lui ne m'aurait pas déplu. Mais il ne m'a jamais fasciné. Nos rencontres ont été empreintes de respect, rien de plus. Lorsque je me morfondais à Kaiserslautern, il a resurgi dans mon paysage. Durant le *mercato*, un mois avant que je ne rejoigne finalement les Bolton Wanderers, les « Vagabonds de Bolton », Tapie s'est manifesté. Seulement, il n'était plus le président du club. Il a fait mine de détenir le pouvoir mais n'en avait que l'apparence.

Au mois de décembre, il m'a appelé une première fois.

— Ecoute Youri, je sais que tu veux quitter l'Allemagne. J'ai une bonne nouvelle : Robert

Louis-Dreyfus s'est arrangé avec ton président. Tu vas signer à l'OM et rejoindre Frank Lebœuf.

— Ah bon, vous êtes sûr ?

— Certain, ne t'inquiète pas. C'est bon, c'est réglé. Tu prends le premier vol pour Marseille et tu viens signer ton contrat au siège.

— Mais c'est impossible. Je ne peux pas partir comme ça. Je n'ai aucune lettre, aucune preuve. C'est officiel ?

— Oui, oui, puisque je te dis que les deux présidents se sont mis d'accord.

Certes, Kaiserslautern me donnait de l'urticaire mais j'ai décidé de ne pas rejoindre l'OM dans des conditions aussi floues. Un doute m'a assailli. Je m'imaginais mal débarquer à Marseille avec, en guise d'unique engagement, la parole de Tapie. Mon intuition m'a incité à ne pas y aller. Le lendemain, j'ai demandé à rencontrer le président de Kaiserslautern.

— Avez-vous eu Robert Louis-Dreyfus au téléphone à mon sujet ?

— Absolument pas. Pourquoi, je devrais ?

— Personne de l'Olympique de Marseille ne vous a contacté ?

— Non, personne.

L'un des deux mentait. Tapie ou mon président ? Je l'ignorais. J'ai relancé l'homme d'affaires.

— Vous êtes vraiment sûr de vous ?

— Mais oui, Youri. J'ai eu RLD. Il est en voyage pour le business mais il a eu ton président au bout du fil. Je compte sur toi. Ton arrivée va instiller un nouveau souffle à l'équipe.

En raccrochant, le nuage de brouillard s'épaissit. Je n'ai plus confiance en personne. Je suis désorienté, perplexe. Je sens que Tapie s'arrange avec la vérité. Je l'ai toutefois eu trois fois au téléphone et Denis est en pourparlers avec lui. Mon frère est même allé à Marseille tâter le terrain. Aux yeux de Tapie, ce transfert n'est qu'une pure formalité. Je n'y souscris pas. Je flaire l'entourloupe.

A quarante-huit heures de la fin du *mercato*, ce coup de dés demeure trop aléatoire. Tapie oublie, ou plutôt fait semblant d'oublier, que sa latitude à l'OM est restreinte. Il a juste été intronisé responsable du secteur sportif par Robert Louis-Dreyfus. Je reste donc à Kaiserslautern. Avant de filer à l'anglaise en février 2002.

Avec l'équipe de Sam Allardyce, le défi est immédiat. Sitôt arrivé dans le Lancashire, à une vingtaine de kilomètres au nord-ouest de Manchester, je joue. Un match nul à Southampton, au Saint Mary's Stadium, me met dans le rythme. J'ai un aperçu du football anglais. Je me croirais à mes débuts à Grenoble. Je prends des coups, j'en donne. Viril mais correct. J'ai besoin de me défouler, de courir. Je suis servi. Au programme : trois matches en dix jours. Le club évolue au Reebok Stadium, qui appartient à une société anonyme cotée en Bourse. L'enceinte futuriste de 28 000 places voisine avec un centre commercial et un hôtel quatre étoiles, installé sous les tribunes.

Bolton, jeune promu, reflète exactement le challenge qui me convient. Sam, manager bourru et malicieux, croit en moi. « Je te donne les clés de l'équipe », me sourit-il. Il est rigoureux mais possède un petit grain de folie qui lui va bien. Avec peu de moyens, il concocte un groupe hybride mais efficace. Il invente en permanence, séduit des champions traversant un passage à vide en leur offrant une relance sur un plateau.

Au sein de l'équipe, dossard n° 13 dans le dos, je retrouve Bruno Ngotty, mon ex-partenaire au Paris Saint-Germain, buteur en finale de la Coupe des coupes. Sur le terrain, je recouvre mes sensations. Le style anglais est trépidant, le combat acharné et loyal. Le répit n'existe pas. C'est décousu mais très agréable. Je remplis le rôle assigné par Sam : être décisif. Grâce à mon influence dans le jeu et mes buts (quatre en douze rencontres), Bolton assure son maintien sur le fil. Le pari est réussi.

Mes quatre mois anglais s'avèrent un succès. Je retrouve le sourire. J'habite au centre de Manchester, dans un grand appartement, pas très loin de Fabien Barthez. Mon voisin du dessus est le milieu gallois de Manchester United, Ryan Giggs. Les gens sont polis et je comprends la langue. Tout l'inverse de Kaiserslautern. Je suis épanoui. Prolonger l'aventure me titille. Sam le souhaite mais ne me tourmente pas. « Prends ton temps, réfléchis. Si tu veux, on en reparle après la Coupe du monde 2002. Mais sache que l'on t'accueillera à bras ouverts. » Le Mondial, comme on le sait, n'est pas une franche réussite. Les coups de téléphone en Asie de Sam témoignent de son attachement. J'ai d'autres propositions, j'hésite. Ai-je réellement envie de reprendre mon baluchon ?

Je creuse mais ne décèle aucune raison valable d'émigrer à nouveau.

Bolton me chouchoute. J'y signe deux ans. J'envisageais un contrat d'un an mais ils ont été persuasifs. Sam recrute aussi le Nigérian Jay-Jay Okocha, ancien du PSG, et l'Espagnol Ivan Campo. Ce défenseur central à la chevelure touffue jouait au Real Madrid. Zidane, dont il était le partenaire, lui avait conseillé de m'appeler avant d'accepter la proposition anglaise. Il s'est exécuté. Le contact est prometteur. Il ne s'est pas démenti. Campo est un chic type qui, en octobre 2001, à la suite de plusieurs semaines d'anxiété et d'insomnie, a fait une dépression. Il m'a raconté le moment où, à bout de nerfs, il a demandé, alors que le bus du Real se rendait au stade, à arrêter le véhicule. Il en est descendu pour ne réapparaître que deux jours plus tard ! Avec l'accord du coach madrilène et du médecin du club, il a suivi un mois de traitement et ajouté des entraînements spécifiques pour progressivement réintégrer le groupe.

Avec lui, je m'éclate en Angleterre. Ce football respire la simplicité et la joie de jouer. A la différence du Calcio, les mises au vert n'existent pas. Nous nous fixons directement rendez-vous dans les vestiaires une heure et demie avant le coup d'envoi. J'arrive en voiture au stade puis, après m'être garé au parking, je fends la foule pour rejoindre mes partenaires. Pendant qu'on se change, tout le monde rigole, tandis qu'un bon gros rock résonne à fond.

Nous donnons tout lors des matches, nous jouons sans calcul, devant des supporters fantastiques.

J'aime cette conception du ballon. Tout ce qui est contraignant disparaît. Les joueurs sont responsabilisés, l'entraîneur a une vision globale du club et n'est pas sans cesse sur notre dos. Je me souviens d'un match contre Chelsea. La veille, pluie battante à Bolton. Plutôt que de nous ordonner de courir dehors, Sam organise un tournoi de billard. Le lendemain, nous gagnons 2-1 contre le club londonien, propriété du milliardaire russe Roman Abramovitch. Cette approche ludique de la discipline me réconforte après toutes les déceptions accumulées en Allemagne. Je prends chaque rencontre comme s'il s'agissait de la dernière, sans songer au lendemain. Je suis animé d'un appétit de junior alors que je gravite dans le monde professionnel depuis presque vingt ans !

Au cours de ma seconde saison, je dispute quasiment l'intégralité des rencontres et inscris sept buts. Lorsque l'Islandais Gudni Bergsson, futur avocat à Reykjavik, se blesse, Sam me confie le capitanat. Cette marque de responsabilité est flatteuse mais je n'y tiens guère. Elle nécessite énormément d'implication et je conçois mal d'aller braver Sam pour réclamer quoi que ce soit au nom de l'équipe. Capitaine ou non, Bolton a le teint alerte en 2004. Nous sommes les trouble-fête du championnat. Nous atteignons la finale de la Coupe de la League. Jamais le club ne fut aussi proche d'empocher son premier trophée depuis des lustres. Malheureusement, nous nous inclinons face à Middlesbrough, tombeur d'Arsenal en demie, dans le magnifique Millenium de Cardiff. Deux buts encaissés dans les sept premières minutes nous ont plombés d'entrée. Je me bats jusqu'au bout pour recoller au score. Nous comblons une partie de notre retard mais ce n'est pas suffisant.

Cette désillusion n'altère pas ma motivation. Bolton m'a relancé. Mon contrat de deux ans est sur le point de s'achever. Sam voit d'un bon œil que je continue en Angleterre. Je n'y suis pas opposé. Peu avant la dernière journée de championnat, nous tombons verbalement d'accord sur les grands principes d'une prolongation. Nous nous tapons dans les mains et je m'éclipse en vacances l'esprit apaisé. Les documents à signer relèvent de la pure formalité. Du moins me le laisse-t-on entendre. A mon retour, aucune nouvelle. Le président est en voyage en Australie. La reprise de l'entraînement approche. Je ne m'affole pas. Je ne vais pas perdre ma bonne humeur pour si peu. Un coup de téléphone du club me demande de rechausser les crampons avec les autres, partis en stage de préparation en Italie.

— Je veux bien, mais mon contrat ? S'il m'arrive un pépin, qui me couvre ?

— Viens avec nous, tout va s'arranger, insiste l'entraîneur adjoint.

— Désolé, je ne fonctionne pas ainsi. Si je signe les documents et que j'appartiens au club, pas de problème. Mais je ne bougerai pas d'ici avant que cela ne soit certifié.

Sam m'appelle. Il sème la confusion en me jurant ne pas arriver à contacter le président de Bolton. Je commence à m'impatienter.

— Sam, quel est le problème ? Avant les vacances, nous étions tombés d'accord dans ton bureau. Qu'est-ce qui ne va pas ?

Il bafouille un peu, puis m'avance :

— Ecoute Youri, je suis désolé mais nous disposons de moins d'argent que prévu. L'enveloppe a diminué.

— Pourquoi les termes du contrat seraient différents un mois plus tard ? Sam, le mois dernier, nous sommes convenus oralement d'un terrain d'entente. Je croyais que tu étais un homme de parole.

Il n'a pas grand-chose à ajouter. Je suis déçu. J'insiste en le titillant.

— Tu m'aurais dis : « Youri, sportivement, tu ne me conviens plus, tu es trop vieux », j'aurais compris. Là, non. J'ai 36 ans mais j'ai fini meilleur buteur du club et disputé tous les matches. Qu'est-ce qui ne colle pas ?

Pas de réponse. Le président de Bolton m'appelle pour recoller les morceaux. Je lui ressers le même discours, insistant sur leur manque de transparence et de franchise. J'étais persuadé de signer de nouveau dans ce club, l'entraîneur me l'avait promis. Dommage que l'histoire se termine ainsi car j'ai pris un plaisir fou à Bolton, ce choix a priori singulier après l'Inter et qui s'était vite révélé une évidence.

⁂

Je me retrouve sans club. Bonne affaire à saisir ! Je suis sur le marché, au pire moment car les équipes ont repris l'entraînement. Déjà, la possibilité d'aller à New York s'esquisse. Les MetroStars sont désireux de m'enrôler. Ils disposent de quatre joueurs étrangers ; ils doivent en céder un afin de me libérer une place dans leur effectif. Ils n'y parviennent pas. Je suis coincé et m'interroge. Suis-je réellement tenté d'arrêter ma carrière ? Non. J'ai encore soif de football. Et puis je n'entends pas terminer sur une note amère. En revanche, je ne tiens pas à déménager et quitter l'Angleterre.

J'ai quelques touches avec Everton, West Ham, Birmingham, Blackburn et Fulham. Ce dernier club, l'un des nombreux de Premier League installés à Londres, est le plus pressant. L'entraîneur, le Gallois Chris Coleman, qui a succédé à Jean Tigana, est intéressé. Un garçon étonnant, plus jeune que moi. Défenseur de Fulham, dont il était le capitaine, il a survécu en 2001 à un terrible accident de voiture, où ses deux jambes ont été brisées. Six mois plus tard, il reprenait l'entraînement ! Notre échange est cordial.

— En forme, Youri ?

— Oui, je m'entraîne. Seul dans mon coin, mais je m'entraîne. Je ne suis pas du genre à rester inactif.

— Je te crois mais ne m'en tiens pas rigueur, j'ai besoin de le vérifier. Cela t'ennuie-t-il de venir passer des tests ?

— Aucun problème. Je n'ai rien à cacher.

Il doit croire que je me suis laissé aller et que, à l'instar de beaucoup d'Anglais, j'ai pris de la bedaine ! Les tests sont concluants. Coleman est satisfait. « On a besoin d'un joueur de ton calibre, capable de nous proposer des solutions sur le terrain », me dit-il. Le contrat est imminent. Je rentre en France pressé d'entamer cette nouvelle aventure. Posé sur les bords de la Tamise, le club a été créé par des élèves d'une école religieuse en 1879, ce qui en fait l'un des doyens de la capitale. Je m'y vois déjà.

Au match suivant, Fulham dispute une partie aux allures de déroute intégrale. La défaite est ponctuée de trois expulsions, dont celle de Coleman. Depuis le banc, il s'en est pris avec trop de véhémence à l'arbitre. La crise couve. Le milliardaire égyptien Mohamed al-Fayed, propriétaire du club pour 38 millions d'euros en 1997, par ailleurs patron du Ritz et d'Harrods, entre en conflit avec Coleman. Déjà en litige avec Tigana, il règle ses comptes avec le Gallois. Al-Fayed, encore troublé par la mort de son fils Dodi, disparu avec Lady Di dans les circonstances que l'on connaît, met un point d'honneur à ne plus accorder un centime à son entraîneur.

Autant préciser que ça ne m'arrange pas. Coleman est embarrassé. La situation lui échappe. Oublié, Fulham.

Blackburn revient à la charge. Leur manager est aussi jeune et gallois : Mark Hughes, ancien attaquant de Manchester United à l'époque d'Eric Cantona. Fraîchement intronisé à la place de Graeme Souness, il prend l'initiative de m'appeler.

— Youri, j'ai besoin de toi tout de suite. Nous avons mal démarré le championnat et il me faut un joueur de ton expérience. Tu viens, tu visites et tu signes. Ça te va ?

C'est tentant. Blackburn, comme Bolton, est situé dans la banlieue de Manchester. J'accepte le challenge à une condition : un contrat très court.

— J'ai 36 ans. Si vous n'êtes pas content de moi, on arrête là sans se chamailler, sans que vous ayez à me payer jusqu'à la fin de la saison. Et, si je désire arrêter, je peux ainsi le faire tout de suite. On se quitte alors bons amis, personne n'est floué. Je ne suis plus dans une logique d'embauche, je recherche simplement le plaisir.

— C'est louable. A quoi correspond, selon toi, un contrat éclair ? interroge Mark Hughes.

— Trois mois.

— Ça n'existe pas.

— Qu'est-ce que vous proposez ?

— Un mois, renouvelable trois fois. Avec option pour le reste de la saison.

Je suis donc « pigiste » de luxe à Blackburn, champion d'Angleterre 1995. Je me donne jusqu'à décembre avant de trancher. Rester un nouvel hiver à Manchester ne me réjouit pas. Je ne tiens pas non plus à accomplir la saison de trop. Et puis j'ai toujours l'espoir que la situation se décante du côté de New York.

En attendant, je me consacre entièrement au club, en mal de points. Pour rattraper mon retard dans la préparation physique, j'enchaîne les séances d'entraînement à haute dose. Quatre mois que je n'ai pas disputé le moindre match. Mark Hughes me lance en octobre 2004 contre Aston Villa. Numéro quinze sur les épaules, nous obtenons le nul et je délivre une passe décisive. J'embraye avec des revers cinglants devant Middlesbrough et Chelsea. Huit buts encaissés, aucun inscrit. Ainsi se résument mes deux dernières apparitions en Premier League.

Je me blesse au mollet. La douleur persiste. Une grippe s'ajoute à ce pépin physique. Impossible de reprendre. Courant décembre, je suis toujours dans l'incapacité de renouer avec la compétition. Noël approche. Si tant est que je sois rétabli, la perspective de passer les fêtes loin des miens – le championnat d'Angleterre ne connaît pas la pause – m'effraie. Je cogite sec. Ma décision est prise. D'un commun accord, la collaboration avec les Rovers s'interrompt. La séparation s'effectue en douceur. Je n'aurai pas goûté longtemps à la ferveur d'Ewood Park, mon nouveau jardin.

Le club respecte mon choix. Dans mon esprit, ma carrière est terminée. Je me confie à Mark Hughes.

— Voilà, c'est décidé, j'arrête le foot.

— Tu en es certain ? Des matches importants se profilent et je serais ravi que tu disputes la fin de saison avec nous.

— Je le sais mais cela ne rentre pas dans mes intentions. Je vous demande simplement de ne rien révéler à la presse de ma volonté de raccrocher. Je préfère le faire moi-même, à ma manière.

— D'accord. J'ai été joueur, je sais combien c'est douloureux de dire stop. J'aimerais juste que tu l'annonces aux garçons.

Cela me paraît naturel. Blackburn s'avère une parenthèse agréable. L'atmosphère est délicieuse, l'équipe très cosmopolite. Il y a là un Américain, un Italien, un Turc, un Espagnol, un Slovaque, un Suédois, un Norvégien, un Irlandais, deux Ecossais, deux Australiens. Et quelques Anglais, tout de même !

Mark Hughes rassemble les joueurs dans le vestiaire et me cède la parole. J'ai la gorge nouée. Je dis au revoir à chacun et leur souhaite bonne chance pour la fin du championnat. Dans les regards, je sens de la surprise. Malgré ma blessure, ils ne me voyaient pas arrêter.

De retour en France, je coupe complètement avec le foot. Je passe les fêtes de fin d'année en famille. Je suis détendu, apaisé. A cet instant, la page football est tournée. Seule une proposition de New York est susceptible de modifier la donne. Je préfère ne pas me tracasser avec cette éventualité, de peur d'être déçu.

Ce break est salvateur. Je prends le temps de vivre. Je savoure. J'ai choisi ma sortie, personne ne m'a poussé dehors. J'ai toujours eu à l'esprit ce conseil d'Aimé Jacquet : « L'important est de bien terminer ta carrière. Ainsi, tu redémarres idéalement ta nouvelle vie. » Ça m'est resté. Voilà, je suis paré à arrêter. Quelques clubs me relancent. Le Qatar, notamment. La proposition financière est mirifique. Mon frère est relancé quotidiennement.

— Laisse-moi tranquille, Denis. Depuis dix ans, je suis éparpillé dans le monde entier. Maintenant, je profite.

— Je sais Youri, je sais. Mais je suis ton agent, normal que je t'informe. Réfléchis quand même, ce sont de sacrées sommes.

— C'est tout vu. Je n'ai jamais joué pour l'argent.

— Ce serait peut-être justement le moment de le faire, insiste Denis.

Evidemment, c'est toujours non. Je me suis tenu à une ligne de conduite toute ma carrière, je ne vais pas en changer maintenant. Je n'ai pas envie du Qatar. Cette destination ne me ressemble pas. Le pays ne me passionne guère. Une vie de pacha m'attend. Sur le terrain, ce serait l'occasion de jouer sans pression. Presque un parfum de vacances, sous le soleil. Mais non. Je ne le sens pas. Marcel Desailly a eu raison de signer au Qatar. Il n'avait plus rien à prouver et de comptes à rendre à personne. L'opinion du public ? Il ne s'en soucie pas et moi non plus. Ce n'est pas en réaction à d'éventuelles critiques que je refuse d'y aller. C'est plus profond. Mon parcours ne se terminera pas au Qatar, voilà. Blackburn ou, mieux, New York, mais pas le golfe Persique. Ni les clubs russes et chinois qui me contactent.

Les Los Angeles Galaxy se positionnent à leur tour. Mais c'est New York ou rien. Cette ville est un rêve de gosse. Les choses se précisent en février 2005. Elles se précipitent, même. Je tombe rapidement d'accord avec les MetroStars, avec qui les premiers pourparlers remontent à plus de trois ans, dans la plus grande discrétion. Je signe une saison. Soccer, me voilà ! Je suis le premier Français à franchir l'Atlantique.

— Ce choix te ressemble. Maintenant, trouve-moi un club là-bas, m'interpelle Frank Lebœuf.

Marcel Desailly m'appelle aussi.

— Marcel, tu viens quand tu veux. Ils t'attendent.

— Peut-être, on va voir, je vais réfléchir.

— En plus, l'entraîneur adjoint des MetroStars est l'Ecossais Mo Johnston.

— C'est pas vrai ? On a joué ensemble à Nantes. On s'entendait merveilleusement bien.

Le 18 février, dans un hôtel parisien, j'annonce en préambule, aux journalistes, dont la plupart étaient persuadés être invités pour l'annonce de ma retraite : « Vous n'avez pas encore fini de me supporter, ni de vous demander si je suis un 9 ou un 9 1/2 ! »

Sophie et les enfants sont emballés à l'idée de s'installer aux Etats-Unis. Un choix de vie, une aventure hors norme. Depuis plus de vingt ans, pas une journée ne s'écoule sans que New York ne peuple mes songes. Je suis fou de cette ville, elle me fascine. Ma première expédition remonte à l'hiver 1990. Je venais d'être transféré de Strasbourg à Monaco. Nous avions décidé de nous offrir le Waldorf Astoria, un palace cinq étoiles construit en 1931 sur Park Avenue, à deux pas de Times Square et ses néons scintillants. Une suite pour les trois frères Djorkaeff : quitte à se faire plaisir, autant aller au bout de la logique.

Le premier jour, Denis, Misha et moi arpentons le bitume dans tous les sens. Par commodité, nous nous déplaçons en short et en baskets. Autant dire que nous dénotons au Waldorf. Les tenues de soirée sont réservées aux sorties nocturnes mais les clients et les serveurs tiquent lorsque nous passons dans le hall. Une impression de faire tâche nous submerge. Nous sommes jaugés avec condescendance. Vexant car, cet hôtel, nous l'avons payé.

L'accueil distant entame un peu notre plaisir. Nous nous faisons presque envoyer balader lorsque nous demandons un renseignement. Denis a alors un trait de génie.

Le soir même, nous prenons tranquillement notre apéritif en smoking au bar du Waldorf. Nous nous installons au comptoir, commandons une bouteille de champagne.

Le serveur s'enquiert de notre provenance. La discussion s'engage. Denis, qui parvient à garder son sérieux en toute circonstance, lâche d'un coup :

— En fait, nous sommes les supergagnants du Loto. Jamais il n'y avait eu un tel gain en Europe. C'est la plus belle cagnotte de l'histoire. Pour fêter ça, la société du Loto nous a invités une semaine à New York.

Les yeux de notre interlocuteur n'arrêtent pas de s'écarquiller. Sa langue s'allonge, pendouille, comme le loup dans les dessins animés de Tex Avery. Il n'en peut plus.

— Et alors, combien avez-vous gagné ?

Denis, du tac au tac :

— Quarante millions de francs.

Misha et moi pouffons intérieurement. Denis, lui, ne laisse même pas échapper un rictus. Il est trop fort. Voilà pourquoi il est mon agent ! Les trois frères gagnants du Loto : au pays de l'argent roi, la nouvelle fait le tour de l'hôtel à la vitesse de l'éclair. Les six jours suivants, chacun est au garde-à-vous, espérant des pourboires mirobolants. Que l'on soit en jean ou en tongs ne dérange soudainement plus personne.

Dès lors, le concierge s'occupe de nos réservations dans les restaurants les plus branchés. Nous arrivons comme des fleurs dans des lieux où la queue déborde jusque dans la rue. Nous fendons la foule, et la meilleure et la plus grande table, même si nous ne sommes que trois, est dressée pour nous. Un truc de fou. En quittant le Waldorf, nous laissons un généreux pourboire. Le concierge nous a montré un sacré beau New York. Aujourd'hui, à 38 ans, comme un symbole, j'achève ma carrière aux MetroStars, dont je suis le capitaine. J'ai réalisé mon rêve américain. Pour mes neveux, je suis devenu l'oncle d'Amérique !

ALAIN BOGHOSSIAN

« Youri, c'est mon frère de sang. Celui d'Arménie, qui coule dans nos veines et nous lie. Mon grand-père avait six ans quand il a vu son propre père se faire décapiter par les Turcs. Deux ans plus tard, il s'installait en France. A défaut d'en avoir appris la langue, j'ai vécu dans une ambiance arménienne, notamment aux repas du dimanche, au-dessus de la librairie-papeterie tenue par mon grand-père, à Saint-Auban, dans les Alpes-de-Haute-Provence. A sa disparition, suivie par celle de mon père alors que j'avais 17 ans, je me suis peu à peu éloigné de mes racines arméniennes, d'autant que ma mère est argentine ! A force de me parler du pays aux rassemblements de l'équipe de France, Youri a réveillé ces racines. Il m'a retransmis cette chaleur, m'a redonné goût à la culture arménienne.

Quand les Bleus se sont déplacés à Erevan en 1999, nous avons été reçus comme des rois et le président de la République nous a remis un passeport arménien. J'aurais aimé rester quelques jours sur place, comme Youri, mais mon club ne m'en a pas donné l'autorisation. De façon plus discrète que lui, j'ai fait entendre ma voix pour la reconnaissance du génocide arménien. Nous nous sommes aussi retrou-

vés au Domaine de Tournon auprès d'Albert Arstanian après le Mondial 1998, en tant qu'ambassadeurs de l'association Provence Arménie.

Sur le terrain, avoir Youri avec soi est préférable. En Italie, je l'ai affronté sous les couleurs de Naples, de la Sampdoria Gênes et de Parme. Difficile d'adopter un comportement très engagé quand on joue contre un copain. Son aisance avec le ballon, en tout cas, a toujours été impressionnante, malgré les critiques de ceux ne sachant pas s'il était un numéro 9 ou un 9 1/2 ! Youri a davantage fait parler de lui par ses prestations que par ses discours virulents. Il est discret, presque introverti. Youri est un solitaire, dont la pelouse reste le meilleur terrain d'expression. »

13

Si j'étais président...

J'ai trouvé ma plénitude dans le football. Ce sport m'a tant donné. Je demeure joueur dans ma tête, c'est pourquoi je ne veux pas encore me préoccuper à propos de mon futur. Il devrait cependant graviter dans l'univers du ballon. Je ne serai probablement pas entraîneur. Avant de m'envoler pour New York, j'ai passé à Clairefontaine une première session visant à obtenir le diplôme d'Etat, sous l'œil expert d'Aimé Jacquet. D'autres anciens glorieux de 1998 étaient là. Compte tenu de notre vécu, avoir recours à un examen pour être entraîneur certifié me semble une anomalie. J'ai toutefois pu observer, lors du test, combien cette passion de transmettre est exacerbée chez certains camarades. Laurent Blanc, Didier Deschamps, Claude Puel, Paul Le Guen, Vincent Guérin ou Daniel Bravo ont vraiment la fibre. J'ai pratiqué le terrain au quotidien pendant vingt ans. Je ne suis pas sûr d'avoir envie de repartir pour autant.

Je m'orienterai davantage vers une fonction de manager général ou de président. Ce rôle me correspond. Je ne serais pas dépaysé : je suis président d'honneur de l'UGA, dirigé par Denis. Au fil de ma carrière, j'ai côtoyé des décideurs de tous bords. Ils m'ont donné le goût de diriger un club de A à Z, de mettre en place des structures solides. Je me suis imprégné de leur façon de voir et d'agir.

Pour qu'un footballeur exprime son potentiel, trois facteurs interviennent. Mon équation magique : on joue soit pour le public, soit pour l'entraîneur, soit pour le président. Il est faux de prétendre qu'un joueur tape dans le ballon exclusivement pour l'argent. Partout où je me suis posé, j'ai bénéficié au moins de l'un de ces paramètres. Les dirigeants ont été déterminants dans mon approche du club, dans ma progression, dans la compréhension des relations humaines avec un groupe.

Je suis rarement allé à l'affrontement. Certes, il a fallu parfois combattre, ferrailler, débattre. Mais ce fut franc et loyal. Quand je donne ma parole, je ne reviens jamais dessus. La durée de l'engagement peut être d'un ou de dix ans, je ne discute pas. J'assimile le bout de papier paraphé à un contrat de confiance, non de travail. Pour dissiper tout malentendu, je prie le président d'assister à la signature. Je ne veux pas qu'un agent ou un manager parasite l'événement. J'en profite pour échanger mes vues, évoquer les objectifs du club. Je discute sans prétention, mais avec conviction. Je lui en donne pour son argent ! Logique, il investit des millions sur mon nom. Je ne tiens pas à ce qu'il y ait erreur de casting.

J'aime aussi à le surprendre en lui retournant la question lorsqu'il me demande ce que je peux faire pour lui : « Et vous, qu'allez-vous m'apporter ? » Cela conforte le pacte moral que l'on noue. Ce ne sont pas des promesses en l'air. Au final, je ne pense pas qu'un club se soit senti floué par mes performances. Le but est que chacun y trouve son compte. Mon père, en affinant les détails, ne leur a pas annoncé qu'ils allaient engager le meilleur pied gauche du monde. Il se contentait d'expliquer que j'étais un bon joueur. Je leur ai prouvé que c'était la vérité.

Je regrette que les présidents actuels se laissent trop griser par l'aspect médiatique. Ce ne serait pas venu à l'esprit d'un Massimo Moratti. Pour lui, l'Inter Milan est une affaire de famille et il n'y déroge pas. Le club est préservé de tout danger d'implosion. Aujourd'hui il s'agit aussi de compétence. Simples salariés, les présidents ne maîtrisent pas tous les paramètres et, surtout, n'ont pas investi personnellement. Ils ont dès lors peur d'agir, tergiversent pour sanctionner l'entraîneur avant qu'il ne soit trop tard. Un président devrait être rémunéré à hauteur des résultats. En Italie, nous touchions la prime seulement si nous avions remporté un trophée. La somme était alors partagée à parts égales, du capitaine au remplaçant. C'est idéal pour que toute la troupe soit concernée par les objectifs.

Devenir président à la fin de ma carrière ne m'effraie pas. J'ai déjà exprimé ce désir à Moratti. Il m'a encouragé à tenter ma chance, estimant que j'avais suffisamment de recul et de connaissances. Denisot a senti en moi le président, comme il a deviné combien Le Guen ferait un bon entraîneur. A ce poste, je serai un mélange de tous les présidents croisés, avec une tendresse particulière pour Moratti. Lorsqu'on a remis aux Bleus la Légion d'honneur à l'Elysée pour la victoire en Coupe du monde, j'ai eu le droit d'inviter cinq personnes. Outre mes parents et mon oncle Rajak, j'ai demandé à Moratti et son épouse de m'accompagner. Il a accepté avec enthousiasme. Il était heureux comme un gamin d'être introduit sous les ors de la République. La réception se déroule merveilleusement. Après quelques minutes, l'atmosphère devient plus décontractée, moins officielle. Le président de la République opère le tour des invités, salue les familles. Il parlemente quelques minutes avec mes parents. Puis Jacques Chirac se dirige vers Moratti et sa femme. Je prends la parole :

— Président, je vous présente mon président.

M. Chirac lui serre vigoureusement la main. Il lui murmure ensuite, de sorte, néanmoins, que tout le monde entende :

— Eh bien maintenant, il va peut-être falloir songer à nous rendre Youri !

Moratti esquisse un sourire et réplique, dans un français impeccable :

— Impossible. Je vais encore le garder quelques années. On ne peut pas se passer de lui...

Quelle journée magnifique. La Légion d'honneur est une distinction qui a de fortes résonances en moi. L'unique personne de mon entourage à en avoir été décorée est un ami de mon père, Pierre Thibault. A 14 ans, durant la Seconde Guerre mondiale, il a pris le maquis dans la montagne grenobloise. Quand j'ai joué dans l'Isère, je lui ai rendu visite. A la maison, je contemplais sa collection de fusils et son chapelet de médailles, dont il était fier. J'avais la sensation de me promener dans un véritable musée.

En accrochant cette distinction au revers de mon veston, j'ai une pensée pour tous les anonymes qui se sont battus et se sont engagés dans la Résistance, héros ordinaires et discrets. Eu égard au courage et aux risques encourus chaque jour, à 14 ans, par l'ami de mon père, est-ce que je mérite la Légion d'honneur ? Je le pense. Au-delà de notre victoire au Mondial, nous avons généré une vague d'enthousiasme et de bonheur dans tout le pays.

⁂

Après le PSG et l'équipe de France, une troisième occasion m'a conduit au palais de l'Elysée. En février 2001, en compagnie du cinéaste Henri Verneuil et de Charles Aznavour, je suis invité par Jacques Chirac au dîner de gala ponctuant la visite de Robert Kotcharian, président de la République arménienne. J'ai l'habitude de frayer avec les hommes politiques. Certains ont tenté d'exploiter ma notoriété en me proposant d'apparaître sur leur liste de soutien. Tous les bords sont concernés. Je refuse de m'impliquer dans ce domaine. La politique est un véritable métier. Ne pouvant tout maîtriser et craignant une éventuelle récupération, je ne me suis jamais prononcé en faveur de tel ou tel parti.

J'ai rencontré beaucoup d'hommes de pouvoir, tels Lionel Jospin ou Jean Tibéri. Au PSG, après chaque rencontre au Parc des Princes, l'ancien maire de Paris déboulait dans les vestiaires pour refaire le match. Philippe Séguin aimait ça aussi. J'appréciais de voir ces figures politiques au stade. En devisant avec nous, ils oubliaient leur fonction, analysaient la rencontre en authentiques passionnés.

Observer la réaction des présidents de clubs est également instructif. En 1999, au détour d'une interview, j'ai avancé que je me voyais bien diriger Lyon d'ici cinq ans. Cela fait jaser. L'orgueil de Jean-Michel Aulas, le patron de l'OL, est touché. Il est vexé car il n'a guère l'habitude de se faire ainsi bousculer. Cependant, depuis, ma ville natale a empoché quatre titres de champion de France consécutifs, tout en devenant une figure incontournable sur le plan européen. Aulas est toujours là, lui qui a pris le club en 1987, alors qu'il végétait en D2. Lors de ma déclaration, qui n'avait rien d'une lubie, Lyon n'avait encore rien gagné. Il a dû sentir la pression...

Jean-Michel Aulas a accompli un travail extraordinaire. Il ne change pas d'entraîneur tous les quatre matins et l'évolution des profils à ce poste démontre un souci constant de progression. Gérard Houllier, par son expérience à Liverpool, a la carrure pour emmener Lyon, dont je suis le premier supporter, encore plus haut. Je les crois même capables de décrocher la Ligue des champions. Aulas n'est pas un modèle absolu mais il a compris beaucoup de choses. Pour ne rien gâcher, il a su habilement s'entourer, comme de Bernard Lacombe, son conseiller spécial. Voilà un signe d'intelligence.

Evoquer l'hypothèse de prendre un jour la tête de l'OL a incité d'autres clubs à me solliciter. Depuis, je reçois environ deux propositions par an pour diriger une équipe. Des dossiers de reprise parviennent à Denis. Certains sont dignes d'intérêt. J'ai ainsi été contacté pour intégrer un pool de repreneurs à l'AS Saint-Etienne et à l'OGC Nice, pour aider Valence, dans la Drôme, ou pour investir en Suisse, au Servette Genève et au FC Sion.

Mais si demain je m'empare d'un club, j'entends être maître à bord. Avec ma famille, naturellement, car je ne conçois par ce rôle sans elle. Je me pencherai réellement sur le sujet une fois mes crampons remisés à la cave. Je m'imagine mal cumuler les fonctions. Récemment encore, j'ai eu la possibilité de rentrer dans le capital de Grenoble, où j'ai débuté. Le Grenoble Foot 38, qui sera doté d'un nouveau stade en 2007, a été racheté en novembre 2004 par une compagnie japonaise. Encore une fois, je réclame les pleins pouvoirs. A défaut d'avoir les mains libres, je préfère m'abstenir. Et si demain j'ai la possibilité de reprendre le Paris Saint-Germain, j'accepte tout de suite, évidemment.

Je recherche une équipe qui me plaise et disposant d'un potentiel de développement. Ce peut être un club de L1, de L2 ou de National, en France comme à l'étranger. L'essentiel est de pouvoir y imposer mes idées sur le long terme. Je veux laisser un héritage. J'ai une vision concrète et précise de ce que je souhaite construire. Etre président permet d'insuffler la ligne directrice du club. C'est ce que l'on fait à l'UGA, désormais en division d'honneur. L'ambition consiste, d'ici six-sept ans, à atteindre la Ligue 2. Et puis président suppose aussi de s'occuper de l'ensemble de la politique du club. Il importe de s'impliquer à tous les échelons et, surtout, de connaître et comprendre le foot.

Je serai un président ouvert, soucieux des relations humaines. Pas question de dire « le coach garde toute ma confiance » pour le virer la semaine suivante. Le président étant celui qui signe les chèques à la fin du mois, qu'il soit proche du terrain me paraît naturel. Descendre dans le vestiaire et pousser une gueulante à la mi-temps ne me choque pas. Je discute régulièrement de tout cela avec Denis, qui dirige l'UGA. Notre équipe gravit patiemment les échelons, sans bruit. Notre discours est volontariste tout en étant réaliste. Ainsi, le groupe adhère. Il entrevoit la finalité du projet, comprend mieux le processus. Gagner la finale du Mondial ou monter en L2 dans sept ans : les joueurs ont le temps de s'y préparer mentalement et de consentir les efforts pour relever le défi. Car rien n'est impossible. Il suffit d'y croire.

« Je pourrais vous parler des heures des buts de Youri, comme ce ciseau avec l'Inter. J'ai été davantage bluffé par celui inscrit contre Montpellier au stade Louis-II, à Monaco. Pensionnaire du centre de formation de la principauté, je me trouvais dans les tribunes. Le terrain était un vrai bourbier ce soir-là. A 30 mètres de la cage, la balle au sol, il efface un défenseur montpelliérain d'un râteau. Frappe tendue sans élan et lucarne. Plus tard, je lui en ai parlé : il ne s'en souvenait même plus !

J'ai la chance d'avoir côtoyé Youri à mes débuts. J'ai découvert un gars attachant, droit et honnête. Quand il a un truc à te dire, il te le fait savoir. Lorsqu'il t'aime bien aussi... Sa confiance en lui m'a toujours bluffé. Il sentait qu'il allait marquer. C'était inscrit en lui. Ce don ne s'achète pas. Il ne s'agit pas d'arrogance. Youri connaît ses qualités comme ses limites. Pourquoi serait-on prétentieux sous prétexte que l'on est sûr de soi ? C'est plutôt à mon sens une preuve d'intelligence.

Lors de mes premiers pas avec les Bleus, il m'a pris une fois à part, à l'entraînement. " Titi, quand tu as le ballon, tu ne donnes pas l'impression que personne ne peut te le prendre. On ne sent pas que tu as envie de le protéger, ce ballon. Même toi, tu ne sembles pas savoir qu'en faire. " Il avait raison. Désormais, quand j'ai la balle dans les pieds, pas touche! A l'image de Lilian Thuram, Youri m'a pris sous son aile. Il m'a parlé de ma carrière, m'a donné quelques conseils précieux, m'a permis de progresser. Il m'a montré le bon chemin. J'essaie aujourd'hui de transmettre ce savoir aux plus jeunes. Je me retrouve en lui.

Contrôle, tir : tout est millimétré chez Youri, ce qui ne l'empêche pas d'être imprévisible, sur le terrain comme dans la vie. Devant le but, y compris aux entraînements, il rate très rarement le cadre. On a souvent raconté qu'il ne passait pas la balle quand il pouvait marquer mais on oublie de préciser qu'il figure parmi les meilleurs passeurs de l'histoire de l'équipe de France. Youri est un joueur complet, un coéquipier à la mentalité exemplaire, comme l'a démontré son Mondial 1998. Et, compte tenu de sa technique, je ne suis pas surpris qu'il continue de gambader à 38 ans dans le championnat américain. »

14

Le rêve américain

New York n'est certes pas la plus belle ville du monde ; Paris et Rome ont davantage de cachet. Mais une atmosphère particulière s'en dégage. Son énergie me fascine. Elle pompe autant de carburant qu'elle en procure. Il y a invariablement une activité à pratiquer, un endroit à admirer. A New York, on ne dort jamais. Ça tombe bien : je suis insomniaque. Et puis cette luminosité, juste avant le coucher du soleil, je ne m'en lasse pas. Cette ville dispose d'un cœur de sportif. Elle respire sans reprendre son souffle. Il faut constamment marcher, courir, être debout. New York est une ville debout. Parfois, la tentation existe de se poser. On n'y cède pas, de peur de rater quelque chose. A chaque quartier de Manhattan, de SoHo à Greenwich Village, de Chinatown à Little Italy, on est surpris. Impossible d'affirmer en avoir fait le tour. New York impose un bouillonnement culturel permanent. On cogite, le cerveau réfléchit sans relâche. La fatigue affleure mais on ne flanche pas, tant New York est unique. Et puis la ville est aujourd'hui très sûre. Lors de mes visites initiales, il était préférable de hâter le pas en traversant Central Park après 22 heures !

La rue est dénuée d'agressivité. New York est une ville de bosseurs, où le cumul des boulots n'est pas rare. J'avais des réflexes de touriste, j'ai désormais des habitudes de New-Yorkais. Je me sens si épanoui. Je lève la tête et, en quelques foulées, je guette l'Empire State Building, le pont de Brooklyn, le Madison Square Garden, la statue de la Liberté, Wall Street ou le MoMa, le musée d'art moderne.

Un vrai décor de cinéma ambulant, taxis jaunes, bouches d'incendie, murs en brique rouge zébrés d'escaliers en fer, *school buses*. Les gratte-ciel me servent de point de repère pour me guider ! Le New York que je préfère est celui qui s'ébroue entre 19 et 21 heures. La chaleur est étouffante, des vapeurs remontent des égouts. La population dehors festoie, trinque, rigole. J'aime aussi, entre 1 et 2 heures du matin, observer la faune new-yorkaise.

J'envisage cette parenthèse américaine comme de grandes vacances. Je m'offre ce luxe. Je ne m'impose aucune contrainte, ce serait un non-sens. Je me rends à chaque entraînement avec le sourire. Cela me réussit plutôt bien. En octobre 2005, les MetroStars ont décerné leurs oscars. J'ai raflé trois trophées, dont celui de « Meilleur joueur du club », plébiscité par les supporters. La cérémonie s'est déroulée avant la demi-finale aller de conférence, face à New England Revolution, les plus constants de notre poule. Nous l'avons emporté 1-0, première victoire du club en *play off* depuis quatre ans. Une fois n'est pas coutume, j'ai été désigné homme du match. Le retour, le samedi suivant, a été moins gratifiant. Si j'ai ouvert la marque sur un contre du milieu de terrain, conclu d'une frappe piquée, New England, entraînée par un ancien de Liverpool, s'est imposé 3-1 à Foxborough, près de Boston. Fin de parcours, sans amertume. Place à la détente.

Atteindre les *play off* relevait de l'exploit. Notre qualification est intervenue à la dernière journée de la saison régulière. Aux Etats-Unis, le championnat démarre en avril et s'achève en novembre. Six équipes composent les deux conférences. Elles s'affrontent quatre fois entre elles et retrouvent deux fois les formations de l'autre poule. De quoi écrémer et ne plus retenir que les huit meilleures équipes du pays. Celles-ci se départagent par un tournoi final sous forme de match aller-retour, le vainqueur de la conférence est se mesurant à celui de l'ouest pour la rencontre du sacre. Le système est identique pour les basketteurs de la NBA, les hockeyeurs de la NHL et les footballeurs américains de la NFL.

Avec ce mode de fonctionnement, le championnat est long à se décanter. Les matches à enjeux, ceux dont le niveau grimpe en flèche, surviennent tard dans la saison. Une modification drainerait, selon moi, plus de spectateurs pour la MLS, la Major League Soccer. Notre stade est rarement plein. Les MetroStars partagent la pelouse avec les footballeurs américains des Giants et des Jets. Deux institutions aux Etats-Unis. Notre enceinte est plantée au milieu de nulle part, à East Rutherford, au nord de l'Etat de New Jersey. Manhattan est à vingt kilomètres. Le Giants Stadium, ovale classique en béton, a accueilli des matches du Mondial 1994. Bruce Springsteen, Genesis, U2, les Rolling Stones et même le pape Jean-Paul II, qui y a célébré une messe, sont passés par ici. Heureusement, le club bénéficiera bientôt de son propre stade, qui est en construction, près de l'aéroport de Newark. Enfin du vrai gazon, car la pelouse des Giants est en synthétique, matière terriblement éprouvante pour les muscles.

Les MetroStars, dont le niveau lorgne vers une bonne équipe française de Ligue 2, proposent un spectacle agréable. Cela manque encore d'expérience et de régularité dans le jeu, mais les intentions se révèlent louables. Le club, fondé en 1996, doit se battre pour convaincre investisseurs, sponsors, médias et supporters. Le football ne fait pas partie de la culture profonde des Américains. D'ailleurs, il est fréquent, après une rencontre, que les spectateurs organisent un barbecue sur le parking du stade ! A ma manière, j'essaie d'ouvrir les MetroStars vers l'extérieur. Cette équipe le mérite, elle qui a bénéficié parmi ses récents entraîneurs du globe-trotter Bora Milutinovic, de Carlos Queiroz, ex-manager du Real Madrid désormais adjoint de Ferguson à Manchester United, ou encore de Carlos Alberto Parreira, sélectionneur du Brésil. La venue de l'Italien du Milan AC Roberto Donadoni puis du champion du monde brésilien Branco ont également contribué à faire progresser les MetroStars dans la hiérarchie.

Avant le coup d'envoi de nos matches, une jeune artiste entonne l'hymne américain a cappella. Le speaker, lui, m'appelle « Djouri », comme ma grand-mère ! En général, ils sont seulement 15 000 à nous applaudir, éparpillés parmi les 82 000 gradins que compte le Giants Stadium. Du coup, quand j'arrive sur le terrain, je ne lève pas la tête. J'évite de regarder le troisième anneau, déserté. Mais je ne boude pas mon plaisir. Dès que l'arbitre siffle, je gambade comme un gosse. Sans cette passion, j'aurais arrêté. Je joue le jeu à fond.

L'Allemand Lothar Matthäus, capitaine des champions du monde 1990, avait combiné football et tourisme lors de son passage et avait donné une image déplaisante des stars désireuses de clore leur parcours en Amérique. A mon arrivée, certains se sont ainsi montrés sceptiques. « Encore un champion du monde qui vient profiter de sa préretraite chez nous », entendait-on ricaner. J'ai rectifié le tir.

Maillot n° 10 sur les épaules, comme à mes débuts, je me comporte avec les MetroStars comme partout ailleurs, en affichant un visage généreux dans l'effort. Avec toujours cette capacité à se révéler déterminant. Au cours de la saison régulière, capitaine occasionnel, j'ai inscrit dix buts et délivré sept passes décisives. Le club, dont la moyenne d'âge est basse, attendait beaucoup de moi. Je ne voulais pas le décevoir, par respect et honnêteté. Pendant plus de deux ans, ils se sont échinés à me faire venir. Le club a pu vérifier mon degré de motivation. Pour réaliser mon rêve américain, j'ai consenti des sacrifices financiers. Cela ne me gêne pas. Désormais, je me considère comme un ambassadeur du football français aux

Etats-Unis. D'ailleurs, séduits par mon intégration, les dirigeants m'ont demandé de les aiguiller vers d'autres compatriotes. J'ai suggéré à Christophe Dugarry, qui a cinq ans de moins que moi, de tenter l'aventure. Il venait d'arrêter sa carrière et n'avait pas envie de remettre ça. Pascal Nouma, avec qui j'ai joué au Paris Saint-Germain, a passé quelques jours de stage chez nous. L'affaire, toutefois, ne s'est pas conclue.

L'autre étoile du club est le meneur de jeu Amado Guevara, par ailleurs capitaine de l'équipe nationale du Honduras. Nous avons tous deux été sélectionnés en août dernier parmi les meilleurs joueurs du championnat américain, retenus pour affronter le Real à Madrid. Ce match amical de gala a été l'occasion de retrouver au stade Santiago-Bernabeu les amis Zidane et Ronaldo. Dans le vestiaire, après la partie, mes deux fils se sont vu offrir des maillots du Real par Florentino Perez, qui était encore le président madrilène. A l'époque, notre entraîneur était Bob Bradley. En décembre 2004, il était venu à Manchester afin de m'expliquer à quel type de challenge je devais m'attendre. Il ne souhaitait pas que je signe à New York pour de mauvaises raisons. A trois journées du terme de la première phase, Alexi Lalas, notre nouveau président, a évincé cet homme attachant, dont j'étais proche, et a intronisé son adjoint, Mo Johnston, quadragénaire écossais passé par Kansas City. Cet attaquant a surtout évolué aux Glasgow Rangers, devenant le premier catholique du club protestant depuis la Seconde Guerre mondiale! Pirouette de l'Histoire : le but face aux Chivas, qui nous expédie en *play off*, a été inscrit par Michael Bradley, le fils de Bob, tout juste viré !

Dans mon contrat, j'avais une option pour une saison supplémentaire. Je me suis accordé le temps de la réflexion. New York m'a demandé de continuer. D'autres clubs se sont montrés intéressés. La MLS souhaitait également que je m'investisse dans le développement du soccer. J'aurais pu, aussi, arrêter ma carrière. A bientôt 38 ans, j'en avais bien le droit ! J'ai pourtant décidé de continuer l'aventure avec les MetroStars. En mars dernier, le club a subitement changé d'identité. Déjà propriétaire d'écuries de Formule 1, le groupe aurichien Red Bull, fabricant de la boisson énergétique du même nom, a racheté l'équipe. Celle-ci est désormais baptisée Red Bull New York. Malgré cela, je me sens bien dans ce pays, où je ne suis plus sans cesse sur mes gardes.

La pression s'atténue, les regards se font moins pesant. Plus besoin, enfin, d'enfiler une casquette pour arpenter les rues. A New York, je m'immisce dans la foule, recouvrant un statut anonyme. Et, quand je suis reconnu, on me laisse tranquille. Auparavant, c'était surtout contrariant pour mes enfants, de vrais comiques qui peuplent mon existence de fous rires.

— Qui sont tous ces gens qui t'arrêtent ? Pourquoi te demandent-ils un autographe ? m'interrogeaient-ils.

— Parce que ce sont mes copains.

— Dis donc, papa, tu as plein de copains !

— Eh oui, les gens me connaissent et me reconnaissent.

— C'est pour ça que, à l'école, les élèves de la classe disent que tu es une star ?

Je me suis toujours efforcé de préserver les miens. A New York, partager des choses avec eux, telle une partie de foot ou de frisbee à Central Park, est beaucoup plus simple. Retour à la normalité. Si je me promène au bois de Boulogne, je ne peux pas jouer au ballon avec mes enfants. Je serais pris d'assaut. Au bout de dix minutes, tout le bois jouerait avec moi !

A New York, notre vie de famille est plus équilibrée. Par le passé, certaines scènes tournaient à l'irréel. Un jour, à Milan, je suis entré avec Sophie dans un restaurant bondé. A peine avions-nous franchi le perron que le bruit des conversations s'est brusquement interrompu. Les clients ont reposé les couverts sur les assiettes. Un silence impressionnant. Bien sûr qu'être reconnu est valorisant mais, à la longue, passés les premiers effets narcissiques, cela peut devenir écrasant. Manger quelque part en ayant le sentiment d'être dévisagé, déshabillé, décortiqué comme une bête curieuse est lassant.

***

De mémoire, je n'ai plus regardé « Les Guignols de l'info » depuis que j'ai quitté l'équipe de France. Ce divertissement de Canal + ne reflète qu'une part de la vérité, bien que, en quelques secondes, les marionnettes de mousse et de latex parviennent à faire passer un message. Si la parodie fonctionne, il faut toutefois ne pas prendre la caricature au pied de la lettre, notamment quand les Guignols brocardent les footballeurs. Aujourd'hui, on nous demande, outre d'être brillants sur le terrain, de parler trois langues, d'être vêtus élégamment, de rouler en voiture de standing, d'être au bras d'un top-modèle tout en se montrant disert avec la presse. La tâche est complexe. Les joueurs ont sensiblement le même parcours, commençant par un centre de formation vers 16 ans et l'abandon précoce des études. Ensuite, la vie de professionnel se résume, hors entraînements, à voyager de stades en hôtels.

De retour à la maison, l'envie est légitime de se détendre, de s'affaler sur le sofa pour zapper, regarder un DVD ou, pour les plus jeunes, se lancer dans une partie de PlayStation. La société est trop exigeante avec le joueur de foot. Elle voudrait qu'il soit impérial sur le terrain et en dehors. Mais nous ne sommes pas préparés à affronter le réel, le monde extérieur. Et encore, avec une scolarité écourtée pour la plupart, je considère que nous ne nous débrouillons pas trop mal. Thierry Henry et Patrick Vieira, par exemple, s'expriment dans un anglais parfait. Le footballeur est un caméléon. Il s'adapte, apprend vite la langue du pays dans lequel il joue. La caricature du footballeur écervelé est surfaite.

Si je ne suis pas un intellectuel, je porte la littérature en haute estime. Je lis au moins deux ouvrages par semaine. Ainsi, je m'échappe, je m'évade, je confronte ma réalité à l'écrit. L'outil littéraire est infini. Je suis assez exhaustif dans mes lectures, variant d'essais sur la religion aux épopées historiques. J'ai une préférence pour les romans, ceux sans fioritures, qui vont droit au but, évitent les trop longues digressions. En très peu de mots, Jack London touche à l'essentiel. J'aime ce type de récits, vrais, durs, purs. J'apprécie également de connaître la vie des auteurs. Cela éclaire leur rapport à l'œuvre et rend la lecture plus pertinente. J'ai trouvé ma place dans les livres, je me les accapare. Je ne suis pas allé à l'école bien longtemps et la lecture est une source d'enrichissement personnel.

Boris Vian, Léon Tolstoï, Pablo Neruda et Jacques Prévert figurent parmi mes auteurs de prédilection. Je ne rate jamais non plus le prix Goncourt des lycéens : je suis sûr de n'être jamais déçu. Dormant peu, et ça ne s'arrange pas avec l'âge, je mets à profit mes heures d'insomnies pour dévorer ce qui me tombe entre les mains. J'entretiens un rapport complexe avec le sommeil. Voilà pourquoi j'étais seul en chambre à Clairefontaine : la nuit, je suis insupportable. J'allume la lumière, je lis, j'éteins. Le rythme est fatigant. Je préférerais somnoler ; je n'y arrive pas. En marge de la lecture, je fais le point sur ma journée, mes envies, mes projets, ma famille. Les réflexions s'enchevêtrent, les idées bondissent. C'est la nuit que je prends mes décisions.

L'écrivain que je vénère, celui dont j'ai dévoré l'intégralité de l'œuvre foisonnante, est Ernest Hemingway. Quelle existence trépidante, quel romancier. Un monstre sacré. Son écriture est concise, dépouillée. L'une de ses citations me sert d'ailleurs de devise. « Les hommes, les vrais, sont ceux qui vont au bout de leur chemin. Ils n'utilisent pas d'apparat, de déguisement et vont au bout des choses. » La vision de l'existence de Hemingway me ressemble. Je l'ai mise en pratique, depuis mes débuts à Grenoble jusqu'à New York aujourd'hui. Toute ma vie, je me suis évertué à être droit, honnête et sans concession. Je n'ai pas retourné ma veste au gré des humeurs. Je me suis imposé dans le football en restant moi-même.

Le goût de la victoire, je l'ai entretenu à l'extrême. En France, longtemps, l'esprit de Pierre de Coubertin a prévalu. « L'important, c'est de participer » et « L'essentiel n'est pas d'avoir vaincu mais de s'être bien battu », clamait le père de l'olympisme moderne. A mes yeux, participer c'est bien, mais gagner est nettement mieux ! Dans le milieu, j'apparaissais comme un Martien sous prétexte que j'affichais mes certitudes. A Monaco, j'ai déclaré dans une interview, en pleine campagne européenne de l'ASM, que l'objectif visait à atteindre la finale de la Coupe des coupes. Le jour de la parution, un partenaire est venu me le reprocher d'un ton sec à l'issue de l'entraînement.

En fait, j'ai eu tort. Je n'aurais pas dû dire que nous irions en finale, ce que nous avons réussi. Il aurait fallu garantir que nous allions remporter cette Coupe ! En signant au PSG, j'ai remis ça en clamant qu'il fallait briller au firmament du continent et non se contenter d'un parcours correct. Et nous l'avons fait. La mentalité française impose de se diminuer, presque de s'autoflageller. Il règne un pessimisme ambiant. La victoire en 1998 puis celle en 2000 ont contribué à modifier cette conception. Six mois avant le début du Mondial, j'ai prétendu que les Bleus seraient champions du monde. J'étais le seul. J'ai tenu ce discours car je le sais susceptible de transmettre de la confiance.

Si, sur le terrain, le copain sent que tu ne doutes pas, il aura moins d'appréhensions et pourra davantage se transcender. J'ai adopté cette attitude volontariste, notamment dans certaines déclarations, pour chasser les hésitations. Culturellement, nous n'étions pas habitués à vaincre. Par atavisme, on songeait que le succès revenait forcément aux autres. Pourquoi pas à nous ? Qui définit et décrète à qui il appartient ? La victoire revient au plus courageux, au plus entreprenant, au plus chanceux. Donc il faut tenter, forcer le destin. La France a produit d'excellents joueurs mais peu de champions. La tendance s'inverse, heureusement. Une psychologue du sport a témoigné que « la victoire est parfois une transgression », ajoutant : « Plus la pensée que la victoire va provoquer un changement identitaire fort, plus le *bug* est puissant. » Désormais, la victoire est en nous ! Les Bleus ont participé à ce changement de mentalité. Ils ont clairement marqué l'histoire du sport français.

Si, dans quelques années, Sacha, mon fils aîné, aspire à devenir joueur professionnel, je l'encouragerai sans doute davantage que mon père ne l'a fait avec moi. La jeunesse a plus besoin d'être poussée que par le passé. Pour Sacha, je serai aussi disponible que mon père l'a été. Etre à l'écoute de ses enfants n'est pas évident mais primordial. Ils réclament beaucoup d'attention. Parent est un métier qui ne s'interrompt jamais. Ma grand-mère, avec son accent arménien, avait coutume de dire : « Petits enfants, petits problèmes ; grands enfants, grands problèmes. »

Je donne à ma progéniture la meilleure éducation qui soit. Je leur transmets aussi les conseils de mon père. Gamin, quand je rejetais la faute sur le voisin pour une broutille, il me rétorquait : « Ne me parle pas des autres. » Il a raison. Je veille à ce que mes enfants ne soient pas trop gâtés. Ils ne s'adonnent par exemple à la PlayStation que deux heures le samedi et autant le dimanche. Le cadre est fixé, intangible. Parfois, Sacha râle :

— Papa, mon copain joue tous les soirs, lui.

— Je ne veux rien savoir. Arrête de me parler de tes amis. D'abord, ton jeu, il est interdit aux moins de 16 ans.

— Oui mais mes copains...

— Chez nous, tu joues quatre heures le week-end. C'est comme ça, point.

J'adopte ce raisonnement car chacun a sa vérité. A la maison, on respecte les règles. Je l'ai compris très tôt. A mes débuts, quand je ne recevais pas le ballon, je me tournais vers mon père dépité. D'un haussement d'épaules, je lui lançais :

— Papa, regarde, il ne m'a pas fait la passe.

— Ce n'est pas grave, Youri. Réfléchis et trouve le moyen pour que ton partenaire t'adresse une belle passe.

Râler est inutile. Cela ne fera pas atterrir le ballon dans mes pieds. Du coup, j'ai modifié mes appels, changé ma course. Au lieu de demander la balle une seule fois, je la réclamais dix fois. A la dixième tentative, je recevais le ballon. Et, grâce au travail, à mon instinct et à la confiance de mes partenaires, je marquais le but.

Postface

Par Jean Djorkaeff

« Décine-moi un ballon... » Chaque être possède son *Rosebud*, tel Orson Welles dans *Citizen Kane*. Ce « bouton de rose », lâché par le magnat de la presse Charles Foster Kane avant son ultime souffle dans son manoir inachevé de Xanadu, représente la clé de voûte pour démêler l'écheveau du personnage. Le *Rosebud* de Youri, c'est Décines. La ville où la diaspora arménienne, fuyant le génocide, a trouvé refuge à partir des années 1920. La Société lyonnaise de soie artificielle s'y est implantée, drainant un flot d'immigrés importants, logés dans une cité ouvrière fraîchement bâtie. En dix ans, la population a augmenté de 328 %.

Décines-Charpieu, à l'est de Lyon, en flânant par Villeurbanne et Vaulx-en-Velin depuis la Part-Dieu. En 1968, à la naissance de Youri, la ville bascule du département de l'Isère à celui du Rhône. Son premier transfert ! Son équilibre se situe à Décines. Il s'y pose dès qu'il en a la possibilité. Cela répond à une nécessité. Moi aussi, j'ai Décines dans la peau. Je m'y suis réinstallé en 1974, ma carrière achevée. Une maison sur mesure, à 20 mètres de l'école de ma jeunesse. Le repère familial s'étend sur plusieurs étages. Seul signe extérieur de richesse : dans le jardin, une piscine, creusée l'an dernier. S'y ébrouent nos neuf petits-enfants, dont deux filles, et Okoumé, le labrador de Youri, qu'il nous laisse en pension.

Au fond du couloir, j'ai transformé une buanderie en hall d'exposition. Se mélangent dans cette caverne d'Ali Baba des coupes, des clichés sépia, un montage où je figure en tenue de l'OM en extension au-dessus du Vélodrome, des maillots, des poupées russes, le diplôme de citoyen d'honneur de Décines adressé à Youri, une photo de mes partenaires au Mondial 1966, Misha dans les buts, ou un poème de Pasteur, qui dit notamment ceci : « *On ne demande pas à un malheureux " De quel pays ou de quelle religion es-tu ? " On lui dit : " Tu souffres ? " Cela suffit.* »

J'ai grandi dans le quartier de la soie, près du canal de Jonage, qui accueille l'essentiel des eaux du Rhône. C'était la campagne. Mes parents avaient un terrain en retrait, au bord de la Rize, une petite rivière propice aux promenades. J'ai commencé à jouer au foot sur une décharge. Le trou a été comblé à force d'y empiler des déchets. Jamais je n'ai songé m'établir ailleurs. C'est ici que mon père, né à Astrakhan, au Kazakhstan, avait déniché un emploi dans le textile.

De son origine kalmouke, j'ai hérité mon surnom : Tchouki. Tchoulkine était un jeune amateur qui épatait la foule à Décines. Comme Djorkaeff était difficile à prononcer, son identité m'a été accolée, transformée avec le temps en Tchoukine, puis Tchouki. En me rendant à Elista, la capitale de la Kalmoukie, j'ai été reçu par le président de ce pays bouddhiste, Kirsan Ilioumjinov, également président de la Fédération internationale d'échecs. Là-bas, tout le monde connaissait par cœur ma carrière et celle de Youri. Ils étaient si fiers qu'un des leurs soit international français. Au total, j'ai porté quarante-huit fois la tunique Bleue, toutes au poste de défenseur. Pourtant, attiré par le but, j'ai commencé avant-centre, ma position en international junior, dans un tournoi au Luxembourg.

En quittant Saint-Maurice-de-Beynost pour l'Olympique Lyonnais en 1957, j'ai découvert la concurrence. Lancé sur l'aile droite, mon naturel timide et mon manque de confiance ont freiné ma progression. Un jour, Lucien Jasseron, notre entraîneur, m'annonce qu'il m'imagine défenseur. Ça ne m'intéressait pas. J'ai effectué un essai à Béziers. L'affaire a capoté : l'OL voulait un transfert, Béziers un prêt. En 1963, pour conquérir ma place, j'ai accepté de reculer de deux crans. Un an plus tard, j'endossais le maillot de l'équipe de France. Ma carrière a dès lors changé de dimension. Je pense avoir laissé la trace d'un arrière sobre et solide. Mon passé d'attaquant m'a servi. J'ai été l'un des premiers liberos, avant Beckenbauer.

Puis j'ai bifurqué vers le métier d'entraîneur. Parmi mes expériences, Grenoble, Saint-Etienne, six mois préparateur physique de l'équipe de France et bien sûr l'Union générale arménienne de Décines. Là où, entre 1975 et 1980, j'ai donné mes premières consignes à Denis et Youri. Sincèrement, je voyais plus l'aîné devenir professionnel. Il était sérieux dans son travail et sa préparation. Mais, à 15 ans, trop frêle physiquement. Youri, lui, s'est vite entraîné avec l'équipe de Denis. Il a gagné en maturité, s'est adapté au rythme. Il est doué et facile, ce que certains ont assimilé à du dilettantisme. J'ai expliqué à Youri et plus tard à Misha qu'ils avaient un nom lourd à porter. Etre bon quand on s'appelle Djorkaeff n'est pas assez.

La preuve en est l'épisode de Sochaux. Youri aurait dû intégrer leur centre de formation. Ils ont préféré ne pas le prendre, de peur qu'il n'échoue. Pourtant, le recruteur était un ami. Il était compétent mais s'est trompé. Youri a finalement atterri à Grenoble. J'allais l'encourager. Dans la voiture, nous refaisions le match. Ça devait l'agacer ! Je lui racontais l'envers du décor. Je positivais, l'incitant à tenter des gestes dans des situations précises. Mes conseils s'arrêtaient au terrain. Jamais je ne suis intervenu dans sa vie privée. Premier entraîneur de Youri, j'ai été naturellement son premier agent, puisque j'étais respecté dans le milieu, donc en position pour discuter des contrats. Youri a opéré les bons choix. Un regret ? Son éclosion tardive à Monaco. Je n'ai pas compris pourquoi Wenger ne le laissait jouer que vingt minutes par rencontre. Je réagissais comme un père.

Youri a toujours su ce qu'il voulait et ce qu'il ne voulait pas. Par exemple, le PSG souhaitait un contrat de trois ans. Il n'a pas cédé et a eu gain de cause. Il n'a jamais choisi la facilité mais s'en est toujours sorti. Peut-être grâce à son sourire, qu'il tient de sa maman. Alors que j'étais d'un abord difficile, Youri est d'un contact agréable. C'est dans son caractère. Il est si décontracté que cela en devient un don.

J'ai pu le vérifier en épluchant son courrier de fans : parmi les envois, 80 % de filles – souvent des déclarations d'amour, à ma grande surprise. Il plaît, par son allure, son style, sa bonne humeur. Youri dépasse le cadre du football. Et, avec les supporters, il s'efforce en toute circonstance de donner le change. J'étais pareil. J'ai joué quatre ans à l'OM, je sais combien ils aiment dialoguer. Cela fait partie du jeu. Evidemment, je suis allé voir Youri à New York. Je suis resté une vingtaine de jours, pour faire la nounou ! Ce pays lui ressemble. D'ailleurs, Paul Le Guen, croisé après un match, m'a assuré : « C'est bien le style de Youri. » Depuis l'enfance, Youri est obnubilé par les Etats-Unis. Il songeait à y apporter son expérience.

S'il a décidé de prolonger le plaisir à New York, Youri n'est jamais loin de sa famille. Il a besoin de notre présence. Nous étions une dizaine à le suivre lors des grosses compétitions. Parfois critiqué, il ne montrait aucune émotion. Il souffrait pour nous, en fait. Youri a toujours imposé son style et fait taire les sceptiques par ses actions décisives. On lui a inventé des concurrents, de Scifo à Monaco à Raï au PSG en passant par Zidane, là où il ne fallait déceler que de la complémentarité. Moi, je suis fier de Youri. Je savoure de voir des gosses en admiration devant lui. Ils ne m'ont jamais connu comme joueur mais je bénéficie par ricochet de sa cote de sympathie. On parle du père grâce au fils. Youri a relancé ma carrière !

TABLE

Cet ouvrage a été composé et imprimé par

FIRMIN DIDOT

GROUPE CPI

Mesnil-sur-l'Estrée

pour le compte des Éditions Grasset
en avril 2006

Imprimé en France
Dépôt légal : avril 2006
N° d'édition : 14347 – N° d'impression : 78491
ISBN : 2-246-69571-6